中 国 因 他 们 而 改 变

徐锦堂传

汤国星◎著

中国科学技术出版社

·北 京·

图书在版编目（CIP）数据

徐锦堂传 / 汤国星著 . -- 北京 : 中国科学技术出版社 , 2025. 4. --（中国因他们而改变）. -- ISBN 978-7-5236-1376-4

Ⅰ. K826.2

中国国家版本馆 CIP 数据核字第 20250EM940 号

总　策　划	秦德继　宁方刚	
策划编辑	周少敏　徐世新	
责任编辑	彭慧元	
装帧设计	中文天地	
责任校对	吕传新	
责任印制	徐　飞	

出　　版	中国科学技术出版社
发　　行	中国科学技术出版社有限公司
地　　址	北京市海淀区中关村南大街 16 号
邮　　编	100081
发行电话	010-62173865
传　　真	010-62173081
网　　址	http://www.cspbooks.com.cn

开　　本	787mm × 1092mm　1/32
字　　数	122 千字
印　　张	7.25
版　　次	2025 年 4 月第 1 版
印　　次	2025 年 4 月第 1 次印刷
印　　刷	河北鑫兆源印刷有限公司
书　　号	ISBN 978-7-5236-1376-4 / K·474
定　　价	58.00 元

徐 锦 堂 传

山西省立太原农业技术学校农技剧团排演了 12 场大型歌剧《刘巧儿》，徐锦堂（二排右三）扮演男主角赵柱儿，票房收入除开支外，全部支援了抗美援朝。义演结束后，在山西农学院合影留念

1952 年，任农校教师时徐锦堂与四位学生校园合影

1959年，徐锦堂在黄水农场的黄连棚下做试验观察记录

1959 年，徐锦堂（左一）在黄水农场采挖野生天麻，开始了首次天麻人工栽培试验

在"三年困难时期",徐锦堂坚持在产区蹲点开展黄连、天麻的研究

1975 年，在宁强县东风三队试验地，徐锦堂向汉中地区的领导介绍固定菌床栽培天麻的方法

1984 年，徐锦堂在福宝山观察林下黄连的生长情况

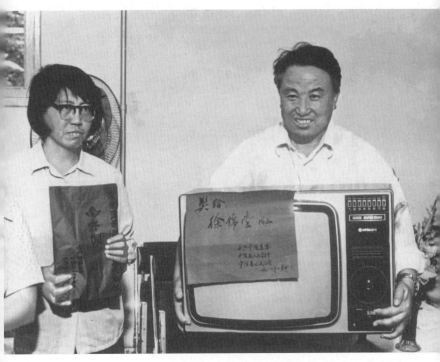

1984 年 7 月，宁强县人民奖励徐锦堂一台 18 英寸彩电

徐锦堂在温室观察天麻开花

目录

童　年

家世

公元 1929 年 6 月 12 日，农历五月初六，徐锦堂出生于山西省太原市三桥街。

徐锦堂祖籍在山西省五台县建安乡大建安村，村庄地属东冶盆地，三面环山一面临水，风光旖旎，青山绿水，人杰地灵，素有"五台江南"之称。大建安村是个一千余户的大村庄，村里徐姓是大姓，也是有历史渊源的大家族。

据徐氏族谱记载，徐氏始祖才甫公由马邑（今朔州）迁居五台大建安村，落地生根，开枝散叶。600 年来，子孙昌盛，分居滹沱河两岸的瑶池、建安至甲子湾、东冶至神西、大朴等十余个村。一代代繁衍生息，成了五台的世族。近代同宗中最著名者是十大元帅的徐向前，在宗谱里徐向前名徐象谦，直到他在黄埔军校毕业后还用着"象谦"这个名字。大革命失败后，根据名字的谐音，改为"向前"。宗谱里徐向前排第十九代，徐锦堂排第二十代，晚徐向前元帅一辈。徐氏祖庙设在大建安村。明清时代，每逢重大节日，五台县各地徐氏子孙常常前来祭拜。

徐锦堂的父亲徐步青（1891—1944），原名徐凌云。

徐家在大建安村本是大户人家，但是传到徐锦堂曾祖父徐银虎一代，家道败落，祖传的一座小院也抵押他人并负债累累。到了徐步青这一代，家里连孩子念书的财力也没有了。徐步青很小就要靠卖苦力糊口，稍长就开始给地主扛长活。所幸徐步青自强不息，期盼通过念书识字改变命运。在赶车扛活之余，千方百计念书识字。未上一天学的徐步青靠自学，具有了看书读报的能力。后拜师学艺，掌握了镉碗钉秤的手艺。

因为家贫，徐步青22岁才娶妻成家，可依旧难求温饱。婚后第二年毅然别妻离家，挑起镉盆镉碗的担子"走西口"。山西、内蒙古一路走去。一年后，徐步青历尽千辛万苦挣了一点钱，想回家做点小买卖，守着媳妇过日子。不承想，在回家的路上竟遭土匪抢劫，不仅镉盆镉碗的担子丢了，连脚上的鞋子也跑丢了，赤脚跑回了家，好歹捡了条命。命运之门关启难料，在徐步青似陷绝境之际，希望之门向他敞开。

清朝末年，西方列强来到中国，因之各国度量衡器具纷至沓来。清朝政府无法抵制各国度量衡器具在我国的使用，也无力统一国内的度量衡器具，造成中国度量衡器具、量值等的极度混乱。

1875年3月1日，法国政府召开"米制外交会议"，

20多个国家派出政府代表与科学家出席会议，正式签署了"米制公约"。

民国肇始，经工商部反复磋商，认为应顺应世界潮流，采用米制统一全国混乱的度量衡，消除对外贸易的障碍，计划在十年内将米制推行全国。

1915年，北洋政府公布《权度法》，设立权度制造所和权度检定所，以北京作为推行的试点，派遣检定人员到各商铺检查，凡合于法定营造之器准用，不合规者限期整改，为全国作出模范。随之，各省纷纷效仿，力争全国度量衡统一。

新法一出，山西的商家和百姓自然要换秤，徐步青趁此良机在介休县开了一家秤铺。徐步青手艺好，而且年轻肯吃苦，加班加点千方百计让顾客满意，一时间他的秤铺顾客盈门，应接不暇。当换秤的热潮过去，他已然赚了一笔钱，赶着马车拉着铜钱风光而归。徐步青在堡门口张贴告示：凡我徐步青家所借的粮钱，只要持借条来，本人一次偿清。徐步青这一"壮举"，成为乡间流传多年的佳话。

徐步青还清了几代人的借贷，赎回了抵押出去的房产、土地之后，他并没有沉溺乡间享清福，而是用剩余的钱投资，做更大的生意。他在太原与人合伙创办"万丰泰"木器商行。经过十几年的资本积累与商场的历练,徐步青与他人合资办起"西北民生工厂",主营织布、弹棉花、织粗毛毯。徐步青任掌柜(经理),工厂拥有了100多架织布机、2台电动弹花机,伙计(工人)达到200多人。徐步青出身贫苦,虽说是老板的,但从不摆掌柜架子,稍有空闲还要上机织布"过把瘾"。在物资匮乏的年代,工厂的产品不愁卖,加之大伙齐心协力,"西北民生工厂"越办越好,产品行销全省。

1927年春天,徐步青在太原市三桥街租了一个小院,将妻子和两个女儿接来,一家人其乐融融,过上了衣食不愁的日子。

从乡下搬到城里,掌柜家的日子比乡下好过的太多了,可女主人却常常郁郁寡欢——因为没有儿子。

徐锦堂的母亲康还锁(1898—1975),五台县张家庄村人。她三岁丧母,从小寄养在东冶镇舅父家。舅母心疼无娘的孩子,十几岁才开始给她裹脚,受了千辛万苦,才裹成一双半大脚,后来竟成了婆婆数落她的话题。

徐锦堂是母亲的第五个孩子。老大、老二是男孩,但都在不满周岁时夭折了。这对他母亲的打击很大,总觉得愧对徐家。后来生了春梅和春莲两个女孩,母亲已经 30 多岁了，几年没再生育。那时山西乡下有个陋习，妇女生不了男孩，有钱人家就要从口外买一个女孩做妾。这时徐锦堂父亲的工厂办得挺红火，朋友们都劝他纳妾，但他总说：我孩子妈跟我受了半辈子罪，我不能对不起她。

1929 年，盼儿心切的母亲，终于如愿以偿生了儿子。为防不测，母亲给小儿子起名"三妮子"，从小女孩打扮，随了两个姐姐"大妮子""二妮子"的小名，"秘密"严守了整整三年。母亲在徐锦堂五岁前不上街、不吃请、不看戏、不串门以防传染病。为了保佑儿子平安，母亲给寺庙和尚上布施，送去几斗米、几丈布、请收他做俗家弟子。住持给徐锦堂起的法号叫赤宏，年满 12 岁才能正式还俗。

按当时徐家的经济条件，母亲本可过着舒适的生活，但为了给儿子留一份家产，她买了一台缝纫机，和徐锦堂的大姐没日没夜地给面粉厂加工面袋子。整整两年时光，母女俩赚了 800 块银圆，在老家置了两亩水浇地，作为儿子的产业。

徐锦堂的大姐春梅大他七岁，二姐春莲大他四岁。二姐从小与他一起玩耍，可惜抗日战争时死在了逃难的路上，年仅 11 岁。大姐春梅按当时家里条件能够上学，但因为当时不看重女孩子读书识字，而且母亲生了徐锦堂后身体不好，所以大姐七八岁就站在板凳上洗碗做饭、照看弟弟，如果弟弟磕了碰了，还少不了要挨母亲的骂。徐锦堂后来常说：包公把他的嫂嫂称作嫂娘，我把姐姐称作姐娘。小时候徐锦堂的衣服、鞋袜都是姐姐给做的。徐锦堂上初中时，迷上了打篮球，和同学组织了"曙光"篮球队。人家都有带队名和号码的背心，徐锦堂没钱买，姐姐就把她的一个半袖衫剪去袖子做成背心，再染成黑色，用红布剪出队名和号码，一针一针绣在背心上。

中华人民共和国成立前夕，由于生活实在维持不下去，20多岁的姐姐嫁了一位大她20多岁的中医。姐夫吴守中虽在太原市有些名气，可也是穷大夫。在滴水成冰的冬天，徐锦堂看到姐姐家竟未生炉子，他赶紧推一车煤膏（煤球）给送去，那是他做苦力赚钱打的煤膏。

中华人民共和国成立后，姐夫吴守中被选为太原市政协委员，成立中医三诊所后任所长，但不久后去世，姐姐再次陷入困顿。颇有远见的母亲说：不要补助费，请求安排工作。徐锦堂陪姐姐去找太原市卫生局局长，请求安排姐姐到三诊所工作，担任卫生员。姐姐工作认真负责，好学上进，靠她在妇女识字班学的那点文化和在街道工作的经验，由卫生员升任护理员、护士，最后担任太原市中医研究所医院的护士长，多次被评为先进工作者。

烽火中成长

四处求学

1935 年春天，徐家由太原三桥街，搬到宪门前街西北民生工厂后院住了下来。工厂生意兴隆，一家人过着丰衣足食的生活。这年 9 月，虚岁七岁的徐锦堂，由母亲牵着小手送入太原市天平巷小学上学。天平巷小学是当地的好学校，校舍俨然整洁，学校对学生要求严格。徐锦堂在这里接受了最初的启蒙教育，度过了两年幸福的童年。

1937 年 7 月，日本彻底撕下伪装的面孔，发动全面侵华战争。这年，徐锦堂九岁。至今他仍清晰地记得太原每天都可听到日本军机投弹的爆炸声，工厂旁边邻居的房屋被炸毁，死了好几个人。在战争导致的人心惶惶中，工厂生产陷入停滞。有的合伙人认为战争不会长期打下去，不管谁胜，百姓都要穿衣吃饭，工厂留在太原还能继续生产。徐步青则认为，如果日本人占了太原，难道让我去伺候日本人，当亡国奴吗?

1937 年年底，娘子关失守，太原危在旦夕。徐步青决定毁家纾难，带领全家与在工厂闲住的本家叔侄以及八个小伙计，共计十五口人，乘坐太通公司的汽车往晋西逃难。

一大家子坐着大鼻子轿车从太原往隰县赶，沿途不时遇到晋军的溃兵，他们强行扒车，从车头到车顶都坐满了散兵游勇。他们为抢座打架，甚至开枪火拼。徐锦堂的二姐受到惊吓发起烧来，到了隰县竟染伤寒夭折，年仅 11 岁。二姐去世后，母亲痛不欲生，徐锦堂每天守着母亲。每当喊徐锦堂"三妮子"时，全家就会想起二妮子，不禁悲从中来。从此一家人才改叫徐锦堂的大名。

到了隰县石家庄村，准备坐车过黄河奔西安。太通公司老板却说："现在车拉不了那么多人。徐掌柜你是公司股东，你的家属可以坐车，但是西北民生工厂的伙计就拉不上了。"小伙计们一旁闻之，顿时眼泪汪汪。他们还都是十八九岁的孩子。徐步青对伙计们说："你们不用怕，我不会扔下你们不管，要死咱们死在一块，咱们不走了！"于是十五口人，落脚在隰县石家庄村。

1938 年，由于晋军抵抗不力，鬼子长驱直入，侵占了隰县县城，徐锦堂的父亲又带着大家逃到了离县城 40 里的深山村——宋家河。工厂的小伙计们看到过黄河去西安无望，都想回家，徐锦堂的父亲给他们凑了路费，送他们回太原去了。徐家人和村里的老乡都躲在深山的山洞里。当时父亲得了"大头风"，脸和头都肿了，躺在山洞里，病情日益加重。母亲把姐姐托付给乡亲，带着徐锦堂和父亲回村里寻医看病。

一天晚上，徐锦堂听到村外有动静，出门看到乡亲们都向山上跑，知道又来了军队。由于父亲躺在炕上，他们母子只好听天由命。天亮了，一位军官模样的人敲门进来，母亲忙护住儿子和丈夫，对他说："长官，我们是逃难的，没有钱。"

那位军官笑了，对徐锦堂母亲说："您不要怕，我们是八路军，是打鬼子保护老百姓的。"

军官看到徐步青病重的样子后，便安慰说："不要怕，我派医生来给您看病。"

不一会儿，来了一位背着药箱的八路军给徐步青看病，看完病还给了药，说"吃了药会好的"。之后，他每天都来徐家送药。

经过诊治，徐步青病情日益好转，徐锦堂一家人打心眼里感谢八路军。母亲对徐锦堂说："儿子，什么时候也不能忘记是八路军救活了你爸爸、救了我们全家。"

有一天，八路军挖开了一个大窑洞，里面藏着多户农民的粮食，连长找到徐步青说："您给当个中间人，把每缸粮食记个数，我们按价付款，请您转交给老乡。"

听说军队走了，村民纷纷下山回家，徐步青赶紧把能转交的粮钱交给了乡亲们。

徐家逃难到隰县后，先后辗转于石家庄村、宋家河、一家村等地逃难。两三年里只顾逃命，无暇读书。

1939年3月，徐锦堂和石家庄村的四五个小孩搭伴，到五里地外的车家坡上小学，读二年级。学校只有1名老师和20多名学生，在一个破庙里上课。张老师对学生们很好，有时下大雨回不了家，孩子们就住在张老师家里。

1939年6月，日寇又一次扫荡隰县。徐家逃到一条只有一家人的山沟里。1940年年初，在山沟里将就半年后，全家搬到距隰县县城两里的窑上村。1940年2月，徐锦堂转到隰县城关民革两级小学读二年级，他学习成绩很好，几乎门门优秀，一家人都为他高兴。

转眼到了1941年的7月，学校成立高小（初小是一至四年级，高小是五至六年级），选拔初小学习成绩比较好的学生直接升高小。徐锦堂被选上，读五年级，跨越三至四年级，一下跳了两级。拔苗助长的苦头，徐锦堂记了一辈子。他本来成绩优异，转眼变成了学习吃力，上课听不懂，苦不堪言。1942年的3月，隰县城关民革两级小学改为省立第三小学，徐锦堂读六年级，功课仍然跟不上。

1943 年 7 月，徐锦堂在隰县省立第三小学毕业。由于跳级成绩不佳，正规初中没有考取，只考上了进山中学补习班。校址在离隰县 200 里的大麦郊，这是徐锦堂第一次较长时间离开父母、离开家。学校设在温泉的大庙里，卫生和医疗条件极差，同学们都长了虱子。

1944 年，学校无粮食供应，同学们去几十里外的地方背土豆吃，一日三餐都是土豆。这年的 6 月，可怕的斑疹伤寒袭来，许多同学都病倒了。学校最初将病号集中起来居住，但是染病的人太多，只好将未传染者集中起来。徐锦堂班上 50 名同学中只有四五人未染上伤寒。徐锦堂父母听说后，赶紧将他接回家。随之更不幸的事情发生了：徐锦堂病未见好，反而把一家人全传染上了伤寒。所幸几天后，徐锦堂病情渐好。可父母的病却越来越重，整日昏迷不醒，姐姐虽不昏迷，却下不了炕。徐锦堂每天晚上轮流喂三个病人喝水，白天喂稀饭。

一天，徐锦堂看着父亲状态不对，赶紧请来一位老中医给父亲看病。把过脉后，老中医到院里对徐锦堂说："你父亲情况不好，准备后事吧！"此言似晴天霹雳，徐锦堂顿感天昏地暗，仿佛天塌下一般。晚上他给父亲喂水时，一口黏液从父亲的口中溢出。父亲去世了。

当时母亲还昏迷不醒。缝寿衣、买棺、打葬都靠徐锦堂撑着病体去请人完成。那时徐家住地周围都是大山，常有野狼伤人，房东七岁的男孩就是被狼咬死的。徐锦堂住的大院，院墙都被军队拆去盖炮楼，四面都是旷野。徐步青入殓后停放在一个房屋的过道里。老乡传说，死人的气味常会引来猫头鹰和狼群。每天夜里徐锦堂都得去父亲灵前给长明灯添油拨灯捻。姐姐病体刚愈，不能陪他。夜深人静时分，徐锦堂手握一根木棒，替自己壮胆。其时，风鸣狗吠，猫头鹰哀鸣，天昏地暗，令人毛骨悚然，每次拨灯捻回来，徐锦堂总会吓出一身冷汗。

无奈辍学

有父亲在，生活不论多么艰难，一家人都有主心骨，也没有吃不上饭的压力。父亲突然离世，天仿佛塌了下来。不要说继续读书了，解决一家人的吃喝都成了压在徐锦堂身上的磨盘。作为家中唯一的男人，他必须担起养家糊口的重担。其时，徐锦堂年仅 15 岁。

父亲在世时，养了两头骡子一头驴，靠长途贩运货物、搞运输赚点钱维持生计。黄河边的中阳县三交镇，是八路军边区与阎锡山控制的二战区物资交流的口岸。从三交镇过黄河就是陕北绥德县，边区生产的食盐，运过黄河在三交镇换取需要的物资。徐步青从三交镇购买食盐运到隰县贩卖，偶尔也从隰县买点生铁和煤油运到三交镇换盐。二战区对这些物资控制甚严，只能偷偷摸摸运输。

父亲去世后，徐锦堂接过运输的营生养家糊口，但是生意越来越难做。于是徐锦堂和别人合伙租种了四亩菜园，常将蔬菜卖给相邻的进山中学食堂。看到学生们坐在教室里听课、唱歌，在操场奔跑跳跃，徐锦堂常常走神驻足，流连忘返，直至放学的钟声敲碎他的梦幻。他不由自主地跑到父亲的坟前，放声痛哭，但一想到盼他早点回家的老母亲，只得收住泪水，挑担归家，从不敢让母亲知道自己心中的悲苦。

1945年8月中旬的一天，徐锦堂像往常一样挑着一担菜给学校送去，走到校门口，突然看到很多学生欢呼雀跃，校园里敲锣打鼓，看门人对徐锦堂说："日本鬼子投降了，我们胜利了！"听到飞来的喜讯，徐锦堂顾不得去送菜，将菜丢给看门人说："菜我不卖了，你们拿去吃吧！"

徐锦堂上气不接下气地飞跑回家，进门就喊："日本鬼子投降了！"母亲和姐姐开始直愣神，当明白了日本鬼子投降了的时候，母亲和姐姐眼泪夺眶而出，徐锦堂也忍不住哭了，这是激动的泪水。八年的辛酸，今天终于盼到了胜利，我们要回家了，但父亲和二姐却长眠隰县，一家五口少了两口，怎不让人伤心落泪呢?

母子三人来到父亲坟前，母亲说:"他爹，抗战胜利了，我们要回家了，我们会回来接你的。"

一家人返回太原后，母亲坚持让徐锦堂继续上学。母亲说:"你父亲一辈子没上过学，他最大的心愿就是培养你读书，我不论吃多大的苦受多大的累，一定要帮你完成学业。"徐锦堂考入太原中学进修班读初一，母亲和姐姐开始给人缝衣服，给医院洗病人换下的被服，挣点辛苦钱。在物价飞涨的内战时期，这点钱不敷家用，还需借钱度日。钱大多是向亲戚朋友借的，也有一些是借的高利贷。借银圆每月利息五厘，借法币10厘。经常拆东墙补西墙，越欠越多，日久天长，已借债200多银圆。

1947年的一天，家中已有几天揭不开锅了。没办法，母亲将父亲留下的一件大衣拿出去卖了两块银圆，准备去买点豆饼。一出大门正遇到一个债主来催债，欠他20块银圆。他把母亲堵在家里逼着要债，说了很多难听的话。母亲求他说:"我家几天揭不开锅了，我刚卖了一件旧衣服，去买点豆饼，你再缓我几日吧。"

债主却说:"没有钱还账却有钱买粮食,本钱不还,两个月的利息不给不行!"

母亲只得将两块救命钱给了他,躺在炕上泪流不止。她实在无法支撑下去了,决定回老家卖东西凑点钱。老家院子里存着一些木料,那是抗战前父亲准备翻修房子买的,因为战乱一直未用,母亲打算把木料卖掉,暂渡难关。

从太原市到五台县老家有近200里,中间还要经过晋军和解放军的封锁线。当时母亲已是50多岁的人了,还是一双半大脚,所以徐锦堂不同意母亲这个决定,但又能想出什么好法子呢?母亲要动身了,徐锦堂把她送到城外,母亲催他回去,但他怎能放心一个老人去冒这么大的风险呢?他送了一程又一程。他们走饿了,在路边拿出炒熟的豆饼粉吃几口,母亲坚决让他回去。徐锦堂看着母亲爬上了山岗,背上还背着一小袋豆饼粉,一缕灰白的头发在微风中飘动,她的背影深深地镶嵌在徐锦堂的记忆里。

在借的200块银圆中,有40块银圆是从徐锦堂的族兄贵哥手里借的。他们一个村一个姓,过去徐锦堂父母没少帮助他。贵哥为了获得高额利息,将银圆换成法币再借给他们,并说这是他帮徐锦堂家从太原女子师范教书的姐夫那里借的。后来银圆疯涨，法币越来越不值钱，贵哥有点着急了。一天他跑到徐锦堂家说，他姐夫急等用钱，而且不要法币，要按当时的 40 块银圆还钱。徐锦堂说：母亲回老家了，等母亲回来再说。贵哥不答应，每天都来逼徐锦堂还债。

徐锦堂能到什么地方借钱呢？只有躺在炕上抱头痛哭。想到早逝的父亲，"爹！你为什么忍心丢下我们孤儿寡母，让我们受这份罪呢？"突然，徐锦堂想到在隰县时和父亲一块工作过的安东齐叔叔，他人很仗义。徐锦堂找到他家，哭着将前前后后的事告诉他。

安叔听后很生气，替他抱不平，安慰他说："孩子，叔叔借给你 40 块银圆，但这钱不能还给贵哥。他借给你的是法币，收的是法币利息。你用现大洋换成法币，本利一齐还给他姐夫。"

徐锦堂说："这钱明摆着是贵哥的钱，与他姐夫无关。"

"不管这些，喝酒感谢把壶的，他既然说这钱是他姐夫的，你也认识他姐夫，还给他姐夫理所当然。"

听了安叔的话，徐锦堂只卖了 30 多块银圆，就够还法币的本利钱了。徐锦堂找到贵哥的姐夫说："姐夫，贵哥帮我从你这里借的法币，本利我都拿来了，请你收下。"

"你放下吧！其实不着急。"

徐锦堂一身轻松走出太原女子师范，不但还了债，还余了钱。

母亲也从老家回来了，老人家卖了木料，带回 70 多块银圆。无法想象在兵荒马乱之时，母亲是怎样把 70 多块银圆平安带回来的。他们还了部分的债，总算松了一口气。

1948 年，徐锦堂一家的生活实在太困难了，常常是吃了上顿没下顿。看着母亲和姐姐一脸菜色，满面愁容，一天，他鼓起勇气，语气坚决地对母亲说：书不读了，我要挣钱养家！

虽然断了儿子的前程，母亲于心不忍，但是总比一家人饿死强，只能含泪默许。

徐锦堂放下书包，每日去太原市柴市巷劳务市场出卖苦力，每天天不亮就戳在马路边。这期间，徐锦堂做过泥瓦小工、裱糊匠等活计。有的活儿靠把子力气，有的需要手艺。徐锦堂毕竟念过书，加之心灵手巧，很快学会了一些手艺，这样就比纯卖苦力挣得多些。比如，裱糊匠是一门手艺比较强的活计，不光是糊顶棚，凡是红白喜事都离不开裱糊匠。如果赶上喜事，先是给洞房糊墙糊窗户糊顶棚，然后是扎接待亲朋好友的喜棚。徐锦堂学的这门手艺，曾经在多年后自家平房糊顶棚中露过一次，让房管局的师傅大开眼界。当然，泥瓦匠的手艺后来也用上了。"五七"干校时期，盖宿舍、盖礼堂，徐锦堂都曾一显身手。

最困难的时候是 1948 年下半年，徐锦堂经常找不到活儿，往往在人市上戳一天，一分钱没挣，饿肚子回家。那时解放军已包围太原，晋军每天向商店摊派民夫去前线挖战壕，常有民工被流弹打死或打伤。买卖人有钱怕死不敢去，就雇徐锦堂这样的穷孩子，每天八毛到一块银圆。徐锦堂每天收工回来时，母亲总在大门口望眼欲穿般等着他。常常拉着他的手说："儿子，妈明天不让你去挖战壕了，要饿死咱娘俩就死在一块！"

第二天徐锦堂还得去。十块银圆才买一块豆饼，不去怎么办呢？现今作肥料的黑豆饼和豆腐渣是当年徐家的活命粮，要拿命去换。

与时代同呼吸

上农校

1949 年 4 月 24 日太原解放，这一年徐锦堂已经 20 岁了。按他的想法，新社会了，找个事做，不让母亲再吃苦受累了。可是母亲却说："新社会更要有本事才能干好工作，你还是上学去，我再熬几年没关系。"

徐锦堂和几位中学同学去考山西太原农业技术学校，学制三年，毕业就能分配工作。徐锦堂考上了。

山西太原农业技术学校当时有 119 名学生，20 余名教职员。当年 12 月，在校学生发展到 260 余名，设有中级农艺科两个班，农田水利科一个班，兽医科一个班，普通初中两个班。徐锦堂此时入校，他分在了农艺二班。

1951 年 9 月，山西太原农业技术学校与从四川迁回的原铭贤学院的初中部合并，改名为山西农学院附属中级农业技术学校，校址在太谷县城东杨家庄村。当时，全校除太原农业技术学校六个班、铭贤初中三个班外，又增加了农艺一个班、初中三个班，共 13 个班。学校设有农艺、水利、林业、畜牧兽医等专业。在校学生530 名，教职员 83 名。

尽管农校历经艰难曲折，此时却赶上了前所未有的好时期。第一，铭贤学院刚刚返回太谷改名山西农学院，大学生很少，比如兽医系仅一名学生。第二，因为都属农学院，两校教职员工在一起工作。农校学生多老师少，农学院学生少老师多。于是就发生了只有那个时代才有的怪事：大学的著名教授教中专生。比如全国知名的小麦专家刘敦道教授，不但在农校教书，还担任了农校的教导主任。当年因为有众多的农学院教授在农校授课，所以徐锦堂那个时期的农校同学，不论后来是否上了大学，成名成家者众多。比如农校同学武世明，毕业后因工作需要，无缘考大学，后来担任了山西省农科院代院长、党委书记。

农校二年级时，徐锦堂迷上了米丘林遗传学，买了一些书，做了许多笔记，与同学组织起米丘林小组。徐锦堂对小麦春化产生了兴趣。他觉得小麦通过人为控制低温能通过"春化阶段"，光照阶段需要红光，能否将通过低温处理的小麦放在红日照下度过光照期，实现缩短栽培期的目的。不管这个创意多么幼稚，但徐锦堂还是做了木箱，安上红电灯泡，精心管理，仔细观察记录，开始了他第一次的科学研究。失败是必然的，却激发出了徐锦堂从事科学研究的兴趣。

重返校园后，徐锦堂变了一个人。感到处处充满希望，他要为新中国放声歌唱。那时，学校每月都有几次上街宣传的任务，扭秧歌徐锦堂是吹哨领队的，打腰鼓他是拍大镲的，军乐队他是打大鼓的。他被同学选为农校学生会的文体部部长。

抗美援朝开始后，全校掀起了轰轰烈烈的爱国主义宣传教育。为响应国家捐献飞机大炮的号召，同时也为新婚姻法的宣传，他们班在暑假排演了 12 场大型歌剧《刘巧儿》。剧中徐锦堂演男主角赵柱儿，他的同学周雅秋演刘巧儿。剧团虽小但五脏俱全，除团长、副团长外，设有剧务、总务，下设前台管理、后台管理、乐队、布景、票房会计、生活管理等一应部门。徐锦堂担任副团长兼任剧务主任、前台总指挥。在太原市租了剧场，印刷了海报，将宣传牌竖立在太原最繁华的柳巷街口，卖票公演了一个多月，后又移师到榆次市演出。票房收入除购置布景、演出花费外，结余全部捐献给抗美援朝。当时正值农业技术学校合并入山西农学院，《刘巧儿》又成为山西农学院成立大会的压轴节目。

徐锦堂还是学校排球队和田径队的主力，专长是百米短跑和跳远，他的百米速度最快达到 11.7 秒，刚解放时山西省百米纪录只有 12 秒，所以他在省中学生运动会上常拿冠军。在山西省首届运动会上，徐锦堂除参加

擅长的 100 米短跑和跳远项目，还参加了 400 米、800
米接力和 1500 米异程接力赛，以及 200 米跑、三级跳、
撑杆、跳高等项目。农业学校获得山西省首届人民体育
大会高中组田径赛总分第一名，其实队员就是包括徐锦
堂在内的五六个人。徐锦堂还代表农校上主席台领了一
面"贯彻新民主主义的体育方针"的锦旗。他的运动生
涯一直保持到大学毕业，一直是校排球队和田径队的主
力。农学院所在地太谷县归榆次专区管辖，徐锦堂多次
代表地区参加省运会并获奖。为此他每日坚持长跑锻
炼，这也为他工作后能够日行百余里、被山区人民誉为
"飞毛腿"打下了基础。

1953 年春，在山西农学院的校园里举办了山西工学
院、山西师范学院、山西农学院和农业技术学校四院校
大联欢，除了联欢晚会、跳集体舞，还举行篮球赛、排
球赛。有一千多人参加，大家推选徐锦堂为联欢会的
总指挥。徐锦堂颇有大将风度，指定各个活动区的负责
人，职责明确，各负其责。联欢会开得很好，会后总结
时，徐锦堂受到了领导的表扬。

留校为师

1952 年，徐锦堂农校毕业留校教书。他担任初农

一班班主任和作物栽培课教学工作，还担任教职员团支部书记和农学院教育工会组织部部长。为了提升教学水平，徐锦堂旁听了农学院无机化学、有机化学、作物栽培、遗传学等多门课程，计划自修完大学课程，以圆大学梦。

1954 年春，校领导安排徐锦堂讲授达尔文主义课，这对徐锦堂是个考验。第一，他授课的对象是低几届的校友，他们能服气吗？第二，原来三个大学毕业生，带三个班的达尔文主义课，学生尚且对授课有意见，现在换了一个刚毕业的中专生给三个班讲课，同学们能满意吗？第三，徐锦堂在校时未学过达尔文主义课，他能讲得好吗？徐锦堂利用一个假期抓紧备课，精心准备每一堂课的教案，如怎样讲清课程内容、正确选择每个论点例证、考虑好同学们可能提出的问题，等等，凡是能想到的他都一丝不苟地做好。不清楚的地方，就去请教农学院讲授达尔文主义的杜竹铭教授。

经过精心准备，徐锦堂登台开课。最初，一些同学在书桌上做几何三角方面的习题，他装作没看见，也不敢加以批评。讲了一段时间后同学们反映讲得还不错，于是对同学的要求也渐渐严起来，期中考试时同学们都反映他课讲得好，大家爱听。这时，徐锦堂向同学宣布：

"不爱听我的课，可以回宿舍做数学题，但在课堂上不允许看别的书，否则我将请你出教室。"期末，虽然达尔文主义课受到大家的好评，但不少同学反映徐老师肚子里没货。这个评语对徐锦堂刺激很大："不就是因为我没上过大学吗？"

在农校工作的两年，徐锦堂被评为优秀班主任，初农一班被评为模范班，教学工作也受到好评。这两年也是徐锦堂和母亲生活最愉快的时期，他每月工资210分，折合人民币50元，在20世纪50年代算是比较高的。母子感觉生活美满，整天笑容满面。

喜结良缘

1954年的暑假徐锦堂结婚了，这也许就是缘分吧！

中华人民共和国成立前在太原市的一条街道上，有两座四合院，徐锦堂家住在路西的院内。在街巷中行走时，常会看到路东贸易公司宿舍院里走出一个十三四岁的小姑娘，她个儿不高，白白净净，两颊一对小酒窝，留着两条小辫。当他们擦肩而过的瞬间，一个恬静的小姑娘的面容就深深地印在了徐锦堂的记忆中。他们常打照面，但从未搭过话，谁会想到她就是后来陪伴徐锦堂60多个春秋的伴侣。

　　徐锦堂在农校上学时，她读初中。在"三反"运动中，要调查每个领助学金学生的家境，正好分配徐锦堂去调查她的情况，有关部门根据徐锦堂的反映，取消了她的公费伙食补助，这成了妻子后来揶揄徐锦堂的话把。

　　那时，徐锦堂在联欢会上、舞池中、运动场上，常遇到一些条件不错的女孩对他表示好感。她们活泼好动，和徐锦堂一样喜欢文艺体育，有的女孩还常到徐家帮助他母亲干活。徐锦堂太好动了，反而不喜欢太张扬的女孩，就想找一个文文静静、少言寡语，更重要的是能够孝敬母亲的女孩。命运就是如此神奇和不可捉摸，经同学介绍，徐锦堂和武兰英相识了。相谈中，徐锦堂了解到中华人民共和国成立前她住在太原哥哥家，和自己住在同一条街上，更拉近了他们的距离。

　　1952年徐锦堂工作后，没打算再升学。1954年8月10日，他们喜结良缘。当时徐锦堂25岁，武兰英20岁。

　　每当谈起结婚，徐锦堂常常说对不起老伴："由于我临时决定升学，工作后有点积蓄也都还了债，婚礼非常简朴，没请客人、没办酒席，床板、床凳、茶杯、暖水瓶等，所有用具都是借的，连我穿的鞋和我们盖的被子都是旧的。"

走进大学堂

中华人民共和国成立之后，为适应经济建设发展急需培养人才，全国的大学都在扩大招生。高中毕业生太少，敞开大学校门都不够招。1951年，教育部给山西农学院招生指标是30名，实际只招了14名，1952年的招生任务为87名，实际只招到了59名。1953年教育部指标是80名，实际只招了57人。

为了扩大生源，高教部和省人民政府想了很多办法，其中主要的一条是"向工农开门"。规定对工农出身的干部可适当地放宽条件，参加工作在两年以上者，可以享受调干助学金的待遇，这使工农成分和党团员人数有明显增加，1953年入学的57名新生中，工农出身的有26名，党团员25名。

1954年，山西农学院的生源依然困难。当时，由学校的人事部门、地区的人事单位和省农业厅三个单位主管人事的同志，去各个地区的人名册上去查，凡农业学校毕业的学生一律抽过来，在补习两个月后考试。抽回来一共有200多人，经过考试后，农学系录取80人，畜牧系录取40人。那届学生有一半是调干生，享受每月32元助学金待遇。徐锦堂名列其中。

1954 年暑期，山西农学院扩大招生。考试科目有语文、政治、化学、达尔文主义。徐锦堂农校同期和低一两届的同学纷纷回校准备参加高考。他们在校时都未学过达尔文主义，希望徐锦堂能给大家补补课。讲课时徐锦堂突然想到以前同学们提的"肚中没东西"，觉得自己也应该参加考试。对他来说，语文、政治的考试不用复习，化学已旁听完大学课程，达尔文主义更是强项。妻子已考上铁路中专，每月需要零用钱，母亲跟自己受了那么多年的苦，现在刚刚过上两年舒心的日子，考还是不考？徐锦堂矛盾极了。吃饭时，母亲看到儿子心事重重，问其缘由时，徐锦堂吞吞吐吐说想考大学，然后又一再表示不考算了，我们现在生活不是很好吗？谁知母亲放下碗筷，一脸严肃地说："你错了，为什么有这么好的机会要丢掉呢？不要考虑我，妈妈还能劳动，何况你工作两年多了，能享受调干助学金。上大学也是你爸爸的心愿，妈妈就是讨吃要饭、帮人做保姆也要供你上大学。"在母亲的鼓励下，徐锦堂第二天就报了名。

1954 年金秋时节，徐锦堂以优异的成绩考入山西农学院农学专业。

铭贤学校

　　山西农学院的前身是著名的铭贤学校，英文名称"Obevlin Shansi Memorial School"，中文直译为"欧柏林山西纪念学校"。欧柏林大学是美国俄亥俄州的著名大学，以"培养优秀人才，为人类服务"为宗旨。1882年前后，有一小队该校毕业生来到山西太谷传教，开办了医疗诊所、戒毒戒烟所、儿童识字班，联络乡民，传播基督教。1888年，家住太谷时年8岁的孔祥熙，突患重病，命悬一线，经教会医院救治痊愈。家人感激之余送他到教会学校读书，12岁接受洗礼，成为基督徒。数年后经欧柏林传教士推介资助，到河北通州教会主办的潞河中学读书（现北京市潞河中学）。毕业后，远涉重洋赴欧柏林大学深造。

　　1900年，中国北方闹义和团，反洋教杀洋人。山西太谷、汾阳两县公理会的外国传教士被杀，其中多为美国欧柏林大学学生。事件发生后，欧柏林大学校长和师生认为：纪念死难校友的最好方式是募集基金，在山西筹办一所"启发民智，服务人群"的纪念学校。

　　1907年，孔祥熙从美国欧柏林、耶鲁两所大学毕业。他受欧柏林大学委托，在太谷城内明道学堂地址

（现太谷人民医院后院）创办铭贤学校。两年后，因校址狭小，将铭贤学校迁入太谷县城东的孟家花园。孟家花园建于清朝中叶，原为太谷大财主孟儒珍的别墅，因他儿子触犯教案，孟家花园被教会所夺。这里小桥流水，波光潋滟，亭台楼阁，林木扶疏，假山翠叠，巍楼对峙。在北方干旱地区，可谓世外桃源、绝佳的办学之地。孔祥熙担任校长并亲自授课，规定了校歌，制定了校旗，还亲自为学校题写了校训：学以事人。

从1907开办到1937年抗战全面爆发的30年间，虽风云变幻，但偏安一隅的铭贤学校发展迅猛。学校规模由小学部、初中部、高中部扩展为大学预科，并开设农科、工科和乡村服务科。其发展蓝图是明确的：要和张伯苓由南开中学发展成南开大学比肩，把铭贤学校办成中国著名的大学。

铭贤学校的一大景观就是孔祥熙用美国友人的名字命名的教学大楼，如田氏楼、韩氏楼、杭氏楼，还有以孔祥熙和宋霭龄父母的名字命名的嘉桂科学楼、亭兰图书馆等。所有建筑用材精良，做工考究，设计中西合璧。值得一提的是，早在一百年前的内地小县太谷，铭贤学校的大楼里都配有暖气、电灯、自来水、电话、发电机、抽水马桶、壁炉和书橱。实验室都配有全套的国外进口教学仪器和药品，这在当时的北方院校中是少见的。

这一切源自办学经费的充裕和优秀人才的主政。比如，农科主任穆懿尔（Moyer），他农业、牧业、园艺学术精湛，其领导的20多人，多数毕业于南京金陵大学农学院并有海外留学背景，他们留下的业绩影响至今。

（1）农作物育种引种：金皇后玉米20世纪20年代后期由美国引进，在华北地区赫赫有名，只要水肥有保障，一百年前即可亩产千斤以上。还有169小麦、811谷子、4198高粱、3号马铃薯等，都是深受农民欢迎的品种，都曾经大面积种植。

（2）农畜的引种育种：细毛羊、奶山羊、来杭鸡，也都是铭贤在一百年前引进的。今天的太谷县还是山西奶山羊基地县。说到来杭鸡，人们耳熟能详，因为它是"蛋鸡之冠"，它来自太谷，来自铭贤学校。

曾任中国农业科学院研究生院常务副院长的杨中源，1949年夏天考入铭贤学校，他回忆说："学校不大，但是办学严谨。师生关系融洽，教学认真负责。学校既是一个校园，又是一个大家庭。因为它有美方的经费来源，不追求学生数量的多少。一个班即使只有几个人，照样一门课一门课地认真教。我入学的第一年，我们这个专业有 40 多个学生，第二年只剩下 20 多个。因为学校规定一门不及格留级，两门不及格淘汰。"

曾经任山西农业大学教务处长、徐锦堂的大学同班同学任国钧说："学校条件不错，每人可以用一台显微镜观片。植物学第一个试验就是观察细胞形态。一个一个细胞仔细观察，还要画图。大家用统一的绘图纸，包括细胞核、细胞膜，以及其他部位都必须用绘图铅笔，一点点画出来。"徐锦堂也说，要是没有这个基本功训练，干好以后的工作是绝对不行的。

名师高徒

1951 年秋，随着全国高等院校院系调整，原铭贤学校的机械、电化工、纺织等系，并入山西大学工学院、陕西纺织学院等高校。留下农艺、畜牧等系成立山西农学院。铭贤学校农学的骨干大部分留在了太谷。特别是一批国内外知名的教授专家，如育种专家杜竹铭、黄率诚、朵振华，烟草专家康兴卫，大豆专家王绶，小麦专家李焕章、刘敦道，养猪专家张龙志，养羊专家吕效吾，果树专家贾麟厚，土肥专家林成谷、郭定成、江家诚等，使其薪火传承，蓄势待发。1979 年，学校扩大为山西农业大学时，名列全国重点农业院校。

铭贤学校时代为什么能汇集一批优秀师资呢？原因是多方面的：一是抗战时期许多知识分子转移到后方，加入铭贤学校。二是铭贤学校教职工收入稳定，而且学校给教职工发的不是法币，是美元。一个助教一个月有一百多美元薪水，在当时生活绰绰有余。不像国民党办的大学，教授也只有一两百法币，还不断贬值。三是铭贤学校像一个家庭式的团体，师生感情非常淳朴和谐，互相帮助蔚然成风。

铭贤学校的校训是四个大字——学以事人，孔祥熙写的。学校实实在在地关注着每一个学生的健康成长。家境贫寒的学生只要好好学习，学校会提供勤工俭学岗位，保证他完成学业。学校每年还要从毕业生里选拔两三名优秀学生出国留学，这也令许多院校的学子羡慕不已。

忆及当年大学的学习，徐锦堂最难忘的是恩师的教诲和恩师的风采：王绶院长是我国生物统计学家、作物育种专家，是他最早把生物统计学引入我国的。他培育的大麦品种在美国被称为"王氏大麦"，培育的大豆品种被定为"南京大豆"。王院长曾任金陵大学（现南京大学）农艺系主任，为国家培养了大批著名学者，后来成为中国科学院院士的就有十几位。虽然王院长来校不久徐锦堂就快毕业了，但是他做毕业论文时，多次请教王院长有关生物统计学的难题，受益终生。比如在黄连、天麻种子数量和发芽率的统计上，徐锦堂都有创造性的小发明，这都与当年王院长口传心授、谆谆教诲密不可分。

康兴卫教授是山西文水县人，1924年与王绥院长同班毕业于金陵大学，是极富传奇色彩的人物。1950年，铭贤学校从四川返回山西的搬迁费难以筹措，康兴卫教授倾其所有解了燃眉之急。康先生着装做派也别具一格。当时男老师穿中山装，女老师穿列宁装，康先生依然一袭长袍，千层底布鞋。康先生教授植物学，因植物器官、结构讲起来很抽象，需要图表示意，康先生一定会在上课前在黑板上亲笔画好。他板书绘画俱佳，课也讲得极好，出口成章，深入浅出，通俗易懂，比如讲到植物体内运输：植物和动物都是生物，动物靠血脉运输营养，植物靠导管、筛管运输营养。一堂课下来层次分明，板书工整。听者趣味盎然，笔记有序，复习容易。当年的严格训练，让徐锦堂受益匪浅。后来他开展天麻、黄连研究时，所绘的形态、生态图，就是跟着康兴卫教授在课堂上和实习时打下的基础。徐锦堂植物学课的笔记一直保存着。

郭定成先生是农学院公认的讲课引人入胜的化学教授。据说他与李政道、杨振宁是西南联大的同学。徐锦堂与郭先生还有另一层关系。在农校教书时他们住在同一个家属院，他的母亲和郭先生夫人相处很好。郭先生的关于种子萌发的生化报告，把徐锦堂深深地引入种子的微观世界里：种子萌发并非百分之百能出苗，搞农学的通常简单归之为种胚生命力的差异，很少考虑胚乳在萌发过程中的因素。郭先生讲种子萌发，不是从有生命的种胚讲起，而是从种子胚乳的化学成分与结构讲起，阐述种子萌发出苗的三个阶段：种子胚乳吸水膨胀的物理过程、胚乳物质转化的化学过程及幼胚吸收营养细胞分化的生物学过程。同样是种子萌发现象，用生化理论解释与用生物学的解释是不同的，却又殊途同归、入木三分。

黄率诚是植物学教授，曾留学美国。徐锦堂上大学时黄先生是他的系主任，他的棉花课是黄先生亲授的。黄率诚先生在"文革"中被一颗流弹击中去世了。

山西农大继承了铭贤学校知行合一的传统，特别注重学生的实践活动，经常到农村驻点。养猪专家张龙志是畜牧系的主任，美国留学生。他带队去猪场、牛场、羊场生产实践，背着行李包与学生一块走路。晚上，羊场没有地方住，就住在羊圈里边，张主任和学生们并排而睡。

山西农大这样的老师很多，他们成了徐锦堂的榜样，让他一生不脱离生产，不脱离劳动，更不怕吃苦。

铭贤学校的管理是开放、民主的。食堂是学生自办的。在四川办学时期，一天一毛钱的伙食，食堂由学生自己管理。大家会比较这一届办得吃了多少次肉，打过几次牙祭。同学们的满意度是多少？张龙志教授是系主任，他管学校的牧场牛场猪场。有时候小公牛喂得差不多了，他星期天就把全系的学生带上，杀个小公牛给大家打牙祭。

大学毕业的时候，徐锦堂的班里大部分同学被分成若干个小组到全国各地实习，最远是在东北。只选了徐锦堂等四位同学作毕业论文，他选的题目是"小麦穗分化和灌水的相关性"，由刘敦道教授亲自指导，这是徐锦堂从事科研工作的开端。

全优生

大学四年，徐锦堂由于学习用功，且善于学习，每次考试都能从容应答，成绩几乎全部是 5 分（优）。有一次考试得了 4 分，他找到老师要求重考。那时的考题是随考随取，所以平时不用功靠突击复习不管用，但允许考两次。4分，一般同学还觉得不错呢，但是徐锦堂认为不行。几天后的第二次考试，他如愿得了5分。

徐锦堂不仅学习优秀，而且文娱、体育和社会活动也表现优异。大学一年级，他就担任了学生会主席，大二担任学生会文体部部长。大学四年中，他年年被同学选为班主席。这个班在全校的文娱会演、歌咏比赛、体育运动会上都是总分第一，教室里各种奖旗奖状挂满了墙壁。徐锦堂虽然担负了大量的社会工作，但没有影响学习成绩，反而锻炼了他的组织能力，这是在书本上学不到的东西。

1958年，徐锦堂以优异的成绩结束了大学的生活，被分配到首都北京。

八年蹲点研究黄连生态栽培

主动请缨　认识黄连

1958 年秋天，徐锦堂以优异成绩毕业，被分配到中国医学科学院药物研究所药用植物栽培室。到北京报到不久，徐锦堂的第一项任务是陪同陈瑛同志赴四川、湖北等黄连产区考察黄连栽培状况。临行前领导对他们说："知道这个课题是谁交给我们药物所的吗？是党中央、国务院。国家要求我们尽快将一些野生的中药材变家栽，尽快地改革一些中药材的栽培方式，缩短生长周期，增加产量。"领导的一番话，让徐锦堂感到肩上担子分外沉重。

黄连入药在我国已有两千多年的历史，《神农本草经》将其列为上品，具有泻火、清热、燥湿、解毒等功能，是多种中成药的原料药和临床配方中的重要药材。

黄连为毛茛科多年生草本植物，主要分布在长江中上游鄂西和重庆东部地区的三十余县，占全国黄连总产量的 80%。四川省石柱县（现重庆市石柱土家族自治县）、湖北省利川县（现利川市）为地道药材产区。两地人工栽培黄连的历史最早可追溯到唐代，自清代以后种植规模逐年扩大。

黄连有荫生的生长习性，在直射光下会干枯而死，尤其在育苗期和移栽初期，最忌直射光照射。历史上一直沿用砍林垦荒、搭棚遮荫的方法栽培黄连。毁林搭棚的栽连方式，因破坏生态环境应该改革。

徐锦堂是第一次去南方，心情很激动，感到什么都新鲜。他们的第一站是四川省石柱县黄水农场，栽连历史悠久，栽培经验丰富。两人观察了很多栽培黄连的荫棚，访问了多位经验丰富的老药农，观看了他们砍山搭棚栽培黄连的过程。他们提出的第一个问题是不搭棚栽连行不行？药农们认为不行，敞阳下黄连很快就会死掉。看到药农们将参天大树砍倒、切断，再劈开做桩，徐锦堂有一种暴殄天物的感觉。至于缩短年限的问题，药农都认为"栽连不如蓄连"，多长一年产量会提高很多。

从黄水农场辗转到相邻的湖北省利川县福宝山人民公社，徐锦堂先把介绍信交给了公社党委书记，听说离大畈营20多里有一栽连能人。于是他们决定分头调查。徐锦堂访问技术高手，陈瑛上福宝山考察，计划在山下汪营会合。不承想他们险些被当作"特务"抓了起来。

徐锦堂访问能人的当天即返回大畈营，准备次日上福宝山药材场。半夜，他突然被急促的敲门声惊醒，几个人把他带到办公室，气氛很紧张。一位干部说自己是县公安局的，奉劝徐锦堂如实回答问题："你到底是干什么的？叫什么名字？从什么地方来？你带的照相机为什么介绍信上未注明？你在我们地区照了多少像，你还有一个同伙哪里去了？"一连串话问得他一头雾水。徐锦堂解释说照相机在北京是家庭用品，用不着写证明，与他同来的那位女同志去福宝山调查黄连。

旁边的年轻干部听着有点不耐烦了，他猛地站起来说："你老实交代，你在我们地区的活动情况我们都掌握了，我们有权没收你的相机，把你押送县公安局。"徐锦堂一看有口难辩，只好告诉他们北京单位的电话号码，请他们打长途核实，折腾半天才解了围。他到汪营见到陈瑛后，才知道她昨晚在旅馆也被盘问了许久。

考察工作用了两个多月，二人回到北京后立即向领导汇报工作。徐锦堂刚参加工作，工作汇报由陈瑛做。她汇报完后，所长问徐锦堂有什么要补充的？徐锦堂满脑子全是黄连产区被砍光的荒山秃岭，随口就说："黄连产区毁林搭棚对自然破坏太厉害了，应该改变栽连方式。"几天后所里通知他立题搞黄连栽培技术的研究。

从 1959 年开始，每到春天徐锦堂就背起背包奔赴四川、湖北黄连产区，一直要干到秋冬季才能回京。他如同一只候鸟，春来冬去，直至1966年"文革"开始，连续蹲点八年整。

徐锦堂经过深入的实地调查，了解到传统的毁林栽连方法对森林和生态破坏程度及其后果都相当可怕。

（1）严重破坏森林资源。通过对福宝山药材场架子棚用材量调查，得出如下数字：每亩遮荫棚需桩160根、檩条74根、横杆550根、盖材5500～10000斤。经查材积表折算，每亩需用木材9.5立方米。每栽一亩黄连需砍伐近三亩森林。

（2）土地无法循环利用。传统的栽培方式在黄连收获后，药农认为土性已寒不能再栽黄连，需要撂荒二三十年待植被和森林恢复才能复种。土地无法循环利用，种一片黄连毁三片森林，种的越多荒山越大。曾经的原始森林，近处的坡地变成了荒山秃岭，能栽黄连的地方越来越远。

（3）水土流失严重。传统的黄连栽培方式，药农施基肥，不用厩肥。所谓施基肥，就是需要铲三亩地上的肥沃腐质土，堆在一亩地上栽黄连。具体办法是将林地表层三至六厘米厚的腐质土及部分垫积层土铲起集中，将树枝杈、树根及杂草晒干堆积，腐质土盖其上，点火后烟熏 3 ～ 4 天，过筛集中堆在挖松的厢面上，厚 18 ～ 20 厘米，作成瓦背形宽 3.3 米的双厢（高畦），称作"裁面泥"。深厚的腐质土做基肥，成为黄连生长五年中所需营养的主要来源。裁面泥方法破坏了森林表土层及下层网状结构，水土流失严重。黄连栽植当年土壤侵蚀最严重，收获年次之。

实践出真知

根据第一次黄连生产调查，徐锦堂蹲点的地方选在四川省石柱县黄水农场和湖北省利川县福宝山药材场。黄水农场是栽培黄连历史悠久的老产区，福宝山药材场是刚开始种黄连的新产区，一老一新便于开展试验。

在这两个点，徐锦堂每设计一套试验计划，同时在两地开展，一是增加试验的重复性，二是广泛听取干部和药农的意见。

石柱县黄水农场坐落在川东武陵山余脉的大山中，山高林密，是四川省涪陵地区的干部下放农场，分许多个大队。徐锦堂被分在一大队搞试验，农场还配给徐锦堂一名助手叫孔文彦，他原是地区药材公司干部，共产党员。1959 年刚蹲点时，徐锦堂以黄水农场为主，铺盖卷都放在那里。

福宝山药材场 1955 年建场，地处鄂西武陵山余脉的深山，是由湖北省农业厅领导的国营黄连专业药材场，行政上归利川县特产局领导，为区级单位，下设四个分场。整个药场分布在一座长 100 里、宽 30 里、海拔 1500 ～ 1800 米的大山上。

福宝山药材场场长尹明义年轻、思路开放，积极支持黄连栽培试验。先是组织有十几名工人的专业队配合徐锦堂工作，免去工人的生产任务。后来专门成立科研队，调来技术骨干梁光友任科研队队长，选派了三名有文化的青年协助徐锦堂进行观察记录。每天的工作由徐锦堂和梁光友商量安排，这给徐锦堂创造了非常方便的科研条件。相比之下，在黄水农场一大队，徐锦堂布置试验得由小队完成。田间试验必然要花费时间，投入较多的劳力，而他们每个小队的任务都很紧张，安排试验就比较困难了。于是，徐锦堂将工作重点安排在福宝山，只是每月去黄水农场观察已布置的试验。

一个来自大城市的人，要想在黄连产区站住脚，必须先过吃饭、走路两大生活关：

1959 年正值三年自然灾害的第一年。这年秋天，福宝山药材场工人每月口粮降到 15 斤，三餐以野菜充饥。徐锦堂把北京定量、每月 32 斤粮票全部交到食堂，与药农一样顿顿吃玉米面野菜糊糊。

黄水镇离福宝山相距 175 里，中间隔着三座海拔 1500～1800 米的高山和几十里人迹罕至的大森林。1959 年和 1960 年，徐锦堂每月要两地往返一次。如果乘车坐船绕道走公路，单程就得五天。为了不误农时，不把时间花在路途上，徐锦堂舍车弃船，翻山越岭步行前往。开始两地走三天，途中在小店住两宿，后来两天就可到达。再后来经过锻炼，他练出一双飞毛腿，顶着星星起程，踏着月光落脚，朝发夕至，175 里山路硬是一天走完。

在深山老林，徐锦堂不仅遇到过野兽，还遭遇过土匪。一次，徐锦堂由福宝山去黄水，在一条竹木混生的深沟里，听到竹林中有走动的声音。徐锦堂紧跑几步赶到前面，在他身后的林中走出一个年轻人，绑着绑腿，腰间插着砍柴刀，二人相距不足 20 米。徐锦堂站在路中间看着他，他也瞪着徐锦堂，也许是徐锦堂身材高大起了作用，年轻人未敢动手。对视了几分钟后徐锦堂快步赶路，并顺手在林间操起一根木棒。此人大约跟了徐锦堂几里路，走到双河口一个几十户人家的小集镇时，徐锦堂跑进一家供销社里和售货员说明情况，当二人出门查看时那个人已不见踪迹，徐锦堂出了一身冷汗。售货员告诉徐锦堂近期黄水地区有一股地主武装暴动，常在僻静的山沟里跟人，主要抢粮票、钱和枪。出现了这种情况，徐锦堂准备在双河口住一天再作决定。正好有他办黄连学习班的一名学员路过双河口，要去黄水买黄连种子，二人得以结伴前行。到了农场，领导告诉徐锦堂，现正在剿匪，农场生产科张科长和一个队长下去检查生产，被土匪砍成重伤，正住院治疗。徐锦堂在黄水观察完试验，农场派了两名民兵送他下山。

在山间赶路常常会遇到饥民，他们看你是干部打扮，就会缠住你要粮票、要钱。徐锦堂十分同情他们，但也无能为力。遇到这种情况，徐锦堂只好违心地先张口："老乡，饿得实在不行了，给点饭吃吧。""没得吃！我们还饿肚子哩！"这样才可顺利走过。

石柱县是全国黄连主产区，黄水农场的药农们拥有高超的黄连栽培技术和丰富的加工经验。1959 年，徐锦堂被农场安排到第一大队搞黄连栽培改革。徐锦堂明白想要研究它、改变它，就得先了解它。当时，徐锦堂除按计划在一大队布置试验外，还抽出一部分时间向药农学习黄连栽培和加工技术。

当地有一位陈姓黄连生产能手，还是石柱县的人大代表，大家都叫他陈代表。徐锦堂找到陈代表，表示想拜他为师，学习黄连栽培技术。当陈代表知道他是北京来的大学生，对他十分客气，带他去看搭黄连棚，让徐锦堂在一旁看他砍桩。徐锦堂觉得这样不好，就操起斧头按陈代表的方法也砍起桩来。陈代表笑着说：这不是你们大学生干的活。可是徐锦堂还是一根根地砍起来，手磨出了血泡，膀子也砍肿了。

第二天，陈代表估计徐锦堂不会来了，但他仍准时来了，而且仍然不惜力地干。开头几天是最痛苦的，双手打满血泡。又过了些天，双手结出了老茧，活儿也干得像模像样了。这让陈代表很感动，他开始给徐锦堂仔细讲解黄连栽培的关键技术。最后，陈代表连黄连加工的技术也传授给了他，这可是轻易不传授外人的看家本领。

从前，地主请师傅加工黄连，都要大酒大肉招待，不然到黄连细炕该出坑时他不出坑，反而多加两把火，这一坑就得损失好几斤黄连。打坑是炕黄连的关键，喉管口在坑中离前档头的距离和喉管的坡度都是非常重要的。打坑时徐锦堂钻进火池挖喉管，弄得满头满身都是土。炕黄连的最后一道工序，用槽笼打磨黄连，尘土飞扬，嘴和嗓子都是苦的，徐锦堂干得比别人都出色。陈师傅终于相信徐锦堂是真心实意想学技术。在陈代表的帮助下，徐锦堂学到了全套的传统黄连栽培和加工技术，为他开展黄连栽培方式的改革奠定了扎实的基础。

福宝山药材场1955年才建场，虽说是黄连专业场，也招了一些专业工人，但在加工黄连方面没有技术过硬的人。徐锦堂在黄水农场学到的技术派上了用场，在场长的安排下，他在几个分场选了一批年轻人，从打坑开始教到加工出黄连，后来这批年轻人都成了场里加工黄连的骨干。

在福宝山加工黄连过程中，徐锦堂发现以往加工黄连的坑存在两个难题：第一是挖坑时，喉管的长度和斜坡度不容易掌握，造成有的前坑火力大，有的后坑火力大。他把喉管的固定舌头改成石板的活动舌头，这样可支高可下降，解决了前后坑火力不均的问题；第二是喉管口有一尺宽两尺长，每坑从竹蔗缝中漏下的黄连，掉进喉管滑到火池全被烧掉，有些漏在喉管里也被烧成"糊头"，成了次等黄连。每坑烧七八两，一年一个坑就得烧掉几十斤黄连。经过反复琢磨，徐锦堂在喉管中又挖了一个坎，只要竹蔗漏下的黄连落在这个坎里，保证烧不到黄连。因为这是在福宝山发明的，大家称它为"福宝坎"。

徐锦堂用行动赢得了干部、工人的信任，药材场将改进落后的生产方式、提高黄连产量都寄托在这位"北京大学生"的身上。福宝山药材场成立的科研队，10多人的队伍全部是技术能手，而且不定任何指标，不上交任何利润，只有一个要求：听徐老师的安排，干好徐老师安排的工作。

林下栽连

面对一片荒山秃岭，徐锦堂冥思苦想：让黄连重返自然、在林中生长行不行呢？他的想法得到了福宝山药材场尹明义场长的大力支持。徐锦堂与场里派来的老药农周厚俊师傅，怀揣饭团，手持砍刀，进了深山老林，在一个叫杀牛湾的地方，选了一片森林做试验田，开始了史无前例的试验。

黄连栽上后，出人意料地生长起来，长势与棚栽比毫不逊色，这可是件破天荒的大事。杀牛湾往日冷清的小路顿时热闹起来。药场领导在试验田召开了现场会。于是党员试验田、团员试验田、青年试验田的牌子一个个树了起来。

任何新生事物的成长都不是一帆风顺的。林间栽连试验，首先要解决的是黄连在林下成活的问题。黄连在林下栽活后，有些老药农认为：林间栽连好是好，但谁敢担保下大雨淋不死黄连？要知道棚栽黄连，棚高过四尺半都要淋死黄连哩！

正当福宝山药材场党委大力推广林下栽连的时候，三分场七队反映：有一片秧子栽下不久就死了。闲言碎语出现了，有的人还把刚立下的牌子拔掉了。失败没有使徐锦堂退缩，他通过观察发现，林中坡陡的地方，土壤挖松后，雨水冲击水土流失，以致连根被冲出而死，这说明死连不能归结于林下栽连。

林间栽连坡度多大适宜？徐锦堂经过试验得出：坡度大于 40 度，黄连存苗率不足 20%，坡度在 34 度以下，黄连成活率可保持 60%。在一片遮荫良好、适合黄连生长的林地，坡度不可能一致。在坡陡的地块用挖出的石块砌成 25 度的小块梯田或鱼鳞坑，即可栽连。这样的坡度，林下黄连能承受多大的雨水冲击？必须搞清楚。于是徐锦堂不分白天黑夜，只要下雨就到试验地观察。

1960 年 7 月 18 日夜晚，一场暴雨从天而降，一夜雨量达 152.4 毫米。电闪雷鸣把徐锦堂从梦中惊醒。天刚蒙蒙亮，他就准备去河对岸的试验田。可雨下得太大了，木桥已被淹没。他心急如焚，找了一根竹竿，走一步探一步，颤悠悠过了桥，不顾坡陡路滑跑到试验田观看，奇迹出现了，黄连依然活着。他既兴奋又纳闷，药农不是说棚高四尺半，就会淋死黄连吗？这里的树有一两丈高，黄连怎么没被淋死呢？

为一探究竟，他冒雨蹲在试验田里仔细观察。一小时、两小时过去了，他全身淋透，冻得上下牙直打架。终于，黄连淋不死的秘密被他揭开了：下雨时都伴随着不同程度的风，有风树叶就要摆动，雨点经过树叶四处飞溅，雨水是飘洒到黄连和地上的。固定的棚架，雨水顺着树枝集中一点下落，棚子越高，雨水下落的重力加速度就越大，因此棚高超过四尺半就会淋死黄连。

徐锦堂回到农场，把自己的发现告诉大家，又把这些日子总结出的什么样的林子、多大坡度适宜栽连等试验讲给大家听，大伙茅塞顿开。林下栽连就这样推广开了，工人们高兴地称之为万年棚。

黄连在林下三年后，地上部叶子长得很茂盛，但地下药用部分——根茎却比较瘦弱，重量轻。徐锦堂估计是荫蔽度出了问题，棚下栽连时新棚的树叶、树枝密，盖在连棚上荫蔽度大。年复一年，树叶细树枝脱落，光照越来越强，适应黄连对光照的生理需要。林间栽连对黄连除草追肥，树也沾光。树生长愈来愈茂密，荫蔽度也越来越大。遮荫度大，黄连就会出现只长叶子不长根的现象。必须测出棚连和林连各年生长的荫蔽度变化，有了科学数据才能指导生产。当时没有测光的仪器，徐锦堂手里只有一部照度仪，镜头直径只有五厘米。黄连棚是"花花太阳"，镜头放在荫棚透过的阳光下，就是全日照；放在树枝遮挡的阴影下，就是全阴暗，都不是准确的荫蔽度。经过冥思苦想，徐锦堂发明了一种用照相纸重量比，测量棚连荫蔽度的方法。他选择同期棚连和林连荫蔽度合适的地方，在地上铺一张一米见方的白纸。于是阳光的荫蔽情况完全反映在纸上，再用相机拍下，洗八寸大照片，用剪子和刻刀分别剪刻出阴面和阳面，称这两种相纸的重量比，即可算出荫蔽度的比例。这种方法，在产区应用多年，方法虽土却十分好使。

根据计算出的各年棚连荫蔽度变化的数据，调节林间栽连透光度，进行修枝亮棚。同时还总结出：修枝亮棚看天不看地，修树中间枝杈，留低枝和树梢的方法，黄连和树的生长都不受影响。黄连前期长枝叶，后几年加强光照，使根茎充实，提高产量。

闯过第一关后，徐锦堂对影响林间栽连的成活率、存苗率、产量等主要数据展开了深入细致的调查研究，用科学分析得出的结论，构建起影响至今的林间生态栽连的重要理论基础。

（1）雨水冲刷对黄连成活率的影响。黄连的成活率和存苗率是两个不同概念。黄连栽秧时要剪去连苗较长的根，只留 1～2 厘米长须根，栽后 20 余天，凡能发出新根的苗，证明其已成活，即可统计成活率。黄连栽植的株行距是"一卡三兜"，即 10 厘米 ×10 厘米，相当于一亩栽苗六万株，栽后 5～6 年收获，实际收获株数与栽秧数的比，即为存苗率。构成黄连亩产量的因素，是收获时每亩的存苗株数和单株根茎重量的乘积，黄连存苗率的高低直接影响到黄连产量。

（2）坡度对黄连成活率的影响。利用自然林栽连，尤其是在大片森林中，坡度很难保持一致。根据试验结果证明，坡度越大，黄连存苗率越低，坡度大于 40 度，黄连存苗率不足 20%，因此林间栽连坡度应在 25 度以下。

（3）冬季落叶林对黄连成活率的影响。据测量，自然林栽连冬季树叶脱落后，林间光强度必然会增强，而棚连棚下光强度比较稳定。随着光强度变化，温湿度也受到一定影响，但温度相差在 1℃以内。大气相对湿度，林间反比架子棚平稳，常保持在 90% 左右，较高的空气湿度有利于黄连生长。常绿的黄连苗，冬季也进入休眠期，老叶在树下，只靠树枝遮荫，完全可渡过冬眠期。

春季随着气温的升高，嫩叶在老叶庇护下生长，嫩叶冲出老叶层时，树叶已长齐，黄连老叶逐渐枯萎。树叶和黄连新叶同步生长，6月初林间荫蔽度反而大于棚间。

（4）调节林间荫蔽度。黄连为荫生植物，但它在不同生长期内，仍需一定的阳光照射进行光合作用，积累干物质。旧式黄连棚，从栽连当年到第六年收获，徐锦堂测量其荫蔽度变化为：第一年71.1%，第二年63.5%，第三年52.7%，第四年39.0%，第五年38.9%，最后为0。随着生长年限的增长，荫蔽度越来越小，光照度越来越强，黄连根茎才能充实。否则叶子茂密黄连疯长，根茎空虚。林间栽连逐年施肥管理，树林越来越茂密，荫蔽度越来越强，正好与黄连生长习性相违背，不进行修枝敞阳，会影响黄连产量。从栽后第三年开始，应逐年修枝敞阳，黄连收获期，荫蔽度应降至30%～40%为宜。

（5）黄连与树并不争肥。黄连栽种在林下，树根必然会吸收部分养分，这对黄连生长和产量有多大影响？徐锦堂在福宝山静家湾不同年代林间栽连地，对黄连和灌木林树根分布深度做了调查统计。黄连为浅根植物，须根一般都分布在土层5～8厘米的范围内，但根分布幅度较宽，达到8～14厘米。灌木林由于栽连挖地时表层根被清除一些，在黄连生长的各年，大部分树根都深入地面 9 厘米以下，所以黄连与树木搭配种植，可以分层吸收养分。因此，增加肥效的利用率，对黄连和树木生长都有好处，尤其是人工营造用材林、经济林和木本药材，两种植物双丰收，不存在争肥的利害关系。

熟地栽连与黄连套种

在黄连产区，自古以来没有农田熟地栽黄连的先例。药农认为只有山地最适宜。栽一次黄连 5 ～ 6 年收获后，必须撂荒 20 ～ 30 年，待土地和森林恢复后，才能再砍树搭棚栽种黄连。

徐锦堂则认为只要水肥适宜，熟地完全可以栽黄连，并且根据一高一矮、一阴一阳、一胖一瘦的农作物套种原理，大胆设计出几种套种方法。他的想法再次得到了福宝山药材场场长尹明义的大力支持。徐锦堂带领福宝山药材场科研队，进行了三项重要技术改进。

（1）玉米－贝母－黄连套种，具体实施在福宝山药材场药园。贝母是喜肥植物，1959 年 6 月栽种贝母前，每亩施草牛粪 21000 斤，桐油饼 266 斤，猪水粪 1470 斤作底肥，上层盖约一寸厚腐质土。6 月下旬种贝母后，上覆腐质土两寸，土壤肥沃，物理结构性能良好。

玉米叶子有从种子扁平方向定向生长的特性，播种玉米时把种子的方向摆好，长出的叶子就会像守纪律的士兵一样两臂伸直，两边的玉米叶封垄能够遮荫的时候，即可在行间栽种黄连。

1960年4月30日，在贝母地厢边采用定向播种法套种玉米，穴距一尺，以牛粪为底肥，播玉米3～4粒。玉米种为白马牙品种，出苗后每穴定向留苗两株。6月中旬收获贝母，7月6日玉米叶片封垄后再栽种黄连。

尖贝6月下旬栽种，每亩栽种鳞茎150公斤，分瓣繁殖，次年6月初地上部枯萎后收获，亩产570公斤，为种栽重量的3.8倍。利川为湖北贝母（尖贝）主产区，福宝山的气候条件很适合贝母生长，贝母喜微荫的条件，套种玉米反而对贝母生长有利。贝母返青时，玉米还矮小，利用贝母地套种玉米，贝母收获后栽黄连，玉米封垄后正好为黄连遮荫，是一种理想的套种搭配方法。

（2）玉米和黄连套种，符合耕作学间套种搭配的方法。黄连为荫生植物，而玉米喜光向阳，阴、阳搭配提高光能的利用率；黄连株高只有30厘米，而白马牙玉米株高达230厘米，高、矮搭配可充分利用立体空间的光、气、温度；黄连80%的须根分布在7～8厘米土壤中，而玉米须根深都在10厘米以下，深、浅搭配分层吸收土壤中的营养，提高肥料的利用率；黄连幅宽20厘米，玉米叶幅宽有250厘米，可根据黄连不同生长年限对光强度的要求，调整玉米株间距离和每穴留苗株数。在满足黄连荫蔽的前提下，加大光合作用强度，使根茎充实提高黄连产量，同时玉米行距宽通风透气，为玉米生长创造了优裕的条件。黄连和玉米套种两者互不妨碍，且相得益彰。

玉米收获后，靠近玉米插入40厘米高的树杈，树杈上搭树枝或竹竿，两竿中间搭横杆。将玉米秆距地40厘米处折曲，互相搭联成棚，不动玉米根，防止冬季大风雪压垮玉米棚。次年春4月，再种玉米，待玉米能遮荫后，旧棚顺其自然脱落沤肥，秋季玉米收获后再编矮棚，直至黄连收获。

由于底肥充足，玉米三年平均亩产量达497斤，高于山区玉米产量。在粮食不足的年代，实实在在地解决了福宝山药材场职工口粮的大问题。

（3）玉米黄连套种与人工造林相结合。当玉米黄连套种搞成后，徐锦堂又将人工造林的设想加入其中。

单纯人工造林栽种黄连，植树六七年后才能达到黄连需要的遮荫度。为了植树与栽连同步进行，在栽连前以行距五尺插马桑树或其他速生树种，便开沟作厢，将树苗留在厢中间。营养钵育出的玉米苗，移栽封垄后栽入黄连。数年后黄连收获，马桑树封林，变成新的林间栽连基地，实现了栽一亩黄连造一亩森林的宏伟设想，真正实现了黄连生态栽培。

1984 年，徐锦堂的"栽培黄连的玉米与造林遮荫技术"，荣获国家发明奖三等奖。

简易棚栽黄连

为了既节省材料又让荒山披上绿装，徐锦堂开展了多种简易棚栽连试验。开始用树枝与竹枝编织成单厢矮棚。由于操作烦琐不便，改成木桩木杆联厢简易棚，比架子棚省料三分之二，但是这种简易棚由于桩檩细，不能连续支撑五年。随后又试验用铁丝石桩或水泥桩做简易棚，这类棚经济环保实用。

为了使植树造林与栽连能同步进行，还将简易棚栽连与人工造林栽连有机地结合起来。前期搭简易棚栽连，同步植树造林，树林封垄能遮荫后，拆去简易棚，黄连即可在林下生长。

从 1959 年开始，徐锦堂开展的生态栽连可以致富的事实，让当地的药农转变了观念，保护环境生态栽连成为普遍的栽培方式。

利川市钟灵村搭简易棚时，每根桩下种一棵速生的椿树，由于给黄连施肥，加速了椿树的生长。三年以上的椿树高达五六米，胸径 10 厘米，黄连收获后，即可在椿树林下继续套种黄连。钟灵村用椿树套种黄连 280 亩，其中三年生 60 亩、二年生 12 亩、一年生 100 亩，有的种植大户用椿树套种黄连面积达 10 亩。

由于简易棚对黄连的荫蔽度与架子棚基本一致，且有多种简易棚可供选择，简易棚栽连，成为此后药农栽连的主要方式。尤其在土地分给一家一户，在住房的周围搭简易棚，或在果树下栽黄连，成为分田到户农民的选择。

目前简易棚栽连多与人工造林栽连相结合，冬季以株行距 1.7 米栽各种用材林、木本药材，或一些速生的树种，次年搭简易棚栽连，不但保护了自然生态，同时也发展了黄连生产。

黄连精细育苗

1959 年，徐锦堂到福宝山后发现黄连种子和秧苗短缺是个大问题。大量的秧苗和种子需要从几百里外的四川石柱县购买，翻山越岭，舟车劳顿，不但增加了生产成本，还满足不了生产的需求。为什么如此短缺呢？他发现问题出在了传统的播种方式上——撒茅林。不解决落后的育苗技术，黄连不可能有大的发展。

黄连种子属胚后熟类型。5月上旬种子成熟采收后，胚还未开始分化，必须保持在凉爽湿润的条件下，种子才能完成生理后熟阶段。如将种子晾干贮藏，胚则不能分化，种子丧失发芽能力。几百年来代代相传的方法是种子收获后，直接撒在茅林里，称作撒茅林。由于种子脂肪含量高，鸟雀喜食，每天成群飞来啄食，加之虫蛀、种子被雨水冲走等问题，黄连出苗率非常低，造成秧苗短缺。

在福宝山，黄连种子5月上旬立夏前后成熟，适宜收获期只有10天左右。黄连果实尖端有裂口，如不及时采收，种子则由裂口处脱落，降低种子产量。徐锦堂经过认真观察后发现，黄连种子分三个成熟期。

（1）绿熟期。4月30日至5月1、2日，为黄连种子绿熟期。此期黄连种子黄绿色，存放五六天变为黄色，如继续贮藏种子呈淡褐色，千粒重1克左右，种子不饱满，发芽率低。

（2）黄熟期。5月4—8日立夏前后两三天，为种子黄熟期。此期种子绿黄色，存放五六天变为板栗色，贮藏数月后变深褐色，千粒重1克以上，种子发芽率高。

（3）老熟期。5月10—20日为黄连种子老熟期，此期种子米黄色，贮存三天后变栗色，最后变深褐色，种子饱满，千粒重1.3克，种子发芽率高。

种子虽以老熟期质量最好，但如拖到5月中下旬收获，则影响产量。尤其在阴雨天气，种子成熟后，花薹中部变褐色腐烂，果实下垂，种子则由裂口脱落，严重时颗粒无收，因此收获期最迟不得超过5月10日。由于海拔、山向、荫棚荫蔽度等条件不同，种子成熟期有先后之别，因此掌握种子成熟规律，合理安排采收期和采收方法，是获得种子丰收的关键。

摸清了种子成熟的规律后，怎么妥善地把种子贮存起来呢？他整日冥思苦想也不得要领。忽一日北京领导来信了，领导的几句话让他茅塞顿开：如有问题，请教老药农。他打听到马前公社金银坎大队，有个老药农叫王松柏，对育苗很有经验。徐锦堂喜出望外，一连翻了几个山包，跑了30多里山路去访问。王老汉告诉他：在阴山里挖洞，把黄连种子与细沙拌起来，可以保存好几个月。他听了觉得办法好是好，可是一个洞只能藏十多斤，全场上千斤种得挖多少洞啊。虽然老药农没有给予他规模化的存贮方法，但使他明白了"阴凉、潮湿"是种子保存的关键，种子与细沙拌贮是重要的技术手段。

1959 年 7 月，徐锦堂做了一整套的试验设计，与周厚俊师傅一起进行试验。

（1）黄连种子采收。黄连种子采收及规范采收技术，主要在福宝山药材场大田里进行。通过大量采收和调查工作，及室内考种结合进行。地点选在海拔 1200 米的福宝山药材场一分场和海拔 1500 米的三分场。

（2）试验地土壤及种子质量。黄连种子贮藏方法和育苗技术试验，布置在海拔 1500 米的福宝山药材场，种子为该场 5 月初采收的黄连种子，试验地为 10 度缓坡地的混交林，有茅草、油竹、灌木和松杉等乔木生长，荫蔽度 75% 左右，土壤为砂壤土。

（3）黄连种子贮藏方法。1959 年进行了黄连种子湿沙棚贮试验，1965 年又进行了重复试验。试验分为三个处理：①湿砂棚贮种子。开 1.3 米宽厢，挖去厢中间土壤，成深 10 厘米的方形窖，种子收获后用清水选种，去掉瘪子、颖壳与杂质，用种子量 2 ～ 3 倍的湿沙拌后平铺入窖中，上覆河沙三厘米厚，厢面搭 1.3 米高荫棚，拦好棚边，防止鸟雀危害并起降温作用。②罐藏种子。种子清水选种后，与等量的腐木粉拌匀，装入洁净的陶瓷罐中，置于室温条件下，15 ～ 20 天洒水一次，常搅拌保持种子湿润。③茅林贮藏种子。过去黄连种子收获后，乱撒在茅林里播种，次年 3 月初出苗，种子在林间休眠 300 余天，其主要作用是能使种子在自然温湿度条件下，完成胚后熟生理阶段。5 月种子收获后，直接撒在茅林中，用作取样观察和测试材料。

11 月初，取部分棚藏与罐藏及去掉瘪子的撒茅林种子，分别与湿沙、腐木粉及腐殖质土拌匀，置于 0～5℃冰箱中。贮藏期间每月取样观察一次，统计瘪子率、胚分化裂口动态，12 月下旬在培养皿保温滤纸上做发芽试验。

（4）种子发芽率统计。除掉瘪子，剩余的饱满种子在 0～5℃冰箱内存放 40 天后做发芽试验，在室温 11～14℃条件下，10 天内种子发芽。

棚藏种子发芽率最高达 98%，发芽势整齐。罐藏种子发芽率低，为 39.5%。撒茅林的种子是撒在林间地表，受雨水多少、表土干湿度变化影响大，有些种子的胚分化不整齐，发芽率低于湿沙棚贮种子。试验表明，湿沙棚贮种子，避免了种子撒在茅林里的虫蛀鸟食及其他不利因素影响，与茅林中的种子处在相近的自然环境条件，完成胚后熟生理过程；与罐藏种子相比又可避免人工加水干湿不均、操作烦琐及室温较高影响胚分化的进程。

黄连种子千粒重 1.08 克，清洁率 86.6%，去掉杂质 1 公斤种子约有 82 万粒。旧式撒茅林 1 亩播种子 30 斤，育苗 30 万株，1 斤种子育苗 1 万株。采用精细育苗法，1 斤种子可育苗 8 万余株，提高了 8 倍。

黄连种子湿沙棚贮及精细育苗技术，在 20 世纪 60 年代即在利川县及恩施州地区推广应用，利川县每年采用精细育苗播种 2025 亩，可提供 23 万亩大田用苗，成为全国黄连苗生产供应基地。生产的黄连苗，不仅满足了本区生产需要，还有大批秧苗供应周边省市县的黄连产区，获得了巨大的经济效益。比如过去的黄连主产区四川省石柱县，曾经是利川黄连秧苗供应基地，现在每年都要到利川采购秧苗。利川也取代了石柱县黄连大县的位置，成为全国黄连最大的生产供应基地。

"副业"成就大事业

神秘的天麻

天麻是名贵中药材，在我国已有两千多年的药用历史。具有益气、养肝、祛风、定惊的作用，对头晕目眩、口眼歪斜、肢体麻木、半身不遂、小儿惊风等症有明显疗效。《本草纲目》称"天麻乃定风草，故为治风之神药"。近年来，天麻对失眠症、阿尔兹海默病的治疗效果，引起了国内外学者的广泛关注。

自古以来，天麻靠野生采挖供药，自然资源遭到严重破坏，供需矛盾突出。20世纪70年代初，曾发生连续3年天麻断供的记录，药界称为"天麻三年断线供应时期"。

自古以来无数药农想人工栽培天麻，却都以失败结束，因此得名"天生之麻"。比如，药农挖回野生天麻栽种，几个月后刨开一看，块茎不见了。为防止天麻像"人参娃娃"一样跑掉，有药农用石头垒成圈，把天麻埋在里头，但天麻还是不翼而飞。

徐锦堂刚分配到药物所就赶上科研计划讨论会，有多位老同志议论天麻。天麻怎样繁殖和生长以及营养来源等基本问题，谁都说不清楚。因此，议论时挺热闹，落实到谁来承担课题就陷入了沉寂。

"天生之麻"与众不同：它无根无叶，不进行光合作用，除生殖生长期的两个多月它冒出地面，其余90%的生长发育期都在地下完成，其过程鲜为人知。

徐锦堂在黄水农场和福宝山药材场蹲点时，常见到药农挖到野生天麻，他也拿到手里仔细观瞧。联想到所里热议的场面，面对可遇不可求的机遇，他顿时产生了跃跃欲试的冲动。

经老药农的指点，徐锦堂采挖到了一些天麻。他按照栽块茎植物的方法，有的把天麻顶芽打掉，有的切取芽眼，一番处理过后栽种下去。秋天到了，他挖开一看全是空穴。老药农周厚俊劝他莫搞了，还说起当地的民谣："天麻是个宝，栽了就会跑。天麻是山怪，栽了就不在。"

徐锦堂不信邪，不仅一定要干，还要正经八百的干！可是经费从何而来呢？徐锦堂的办法是从嘴里省。每月全部生活费压缩在10元之内。利川县科委黄德炳同志知道后，千方百计地支援了他1000元，才支撑着天麻研究踽踽前行。

1962年夏天，徐锦堂把一个碰掉顶芽的箭麻埋入土中，一个多月后长出了像鸽子蛋大小的天麻。他欣喜万分，第一次人工干预下的天麻长出来了！

回京后，他把这个天麻标本拿给所长看，所长非常高兴：这个长期被关注但无人接手的"烫山芋"，竟被这个年轻人搞出了模样。1963年年初，天麻正式列入药物所科研课题，天麻研究组也成立了，派了新同志加入队伍，徐锦堂不再孤军奋战了。

三年野生天麻生态调查

1962—1965年，徐锦堂连续三年进行摸清野生天麻生态环境与繁殖规律的野生生态调查。每月定期1日、10日、20日采挖10穴天麻，进行定时、定点调查统计。他走遍了川东、鄂西、川西南、陕南等主要野生天麻生长区，访问了50多位采挖野生天麻经验丰富的药农，观察了数百穴野生天麻，进行了自然环境、生长及繁殖规律的考察、标本采集、资料收集整理，为天麻人工栽培奠定了坚实的基础。1965年，所里又为课题组增加了一位新同志。

野生天麻的生态环境调查结果如下。

（1）地理分布。通过查阅我国天麻野生分布区的资料和对四川、陕西、湖北部分产区的重点调查，了解到我国的绝大多数省区都有野生天麻的分布。受气候条件限制，天麻一般分布在山区。从南到北随着纬度的不同，垂直分布的高度也相应下降。如云南省一般分布在海拔2000米的高山；四川、湖北省多生长在1300～1800米的山区；陕南天麻常在1000～1500米地区生长；东北长白山天麻多散生在300～1000米的地区。在同一纬度，天麻垂直分布集中在一定的高度范围内。如四川峨眉山，从海拔1050～2800米都有天麻分布，但以1800米左右的地方为多；湖北恩施、宜昌地区，海拔1400～1800米的山区是盛产天麻的地方，超过2000米或低于1000米左右的山区，天麻数量不多，块茎也小，这可能是温湿度所决定的。

（2）气候条件。徐锦堂在福宝山药材场双河口一分场工人罗开殿的屋后围起一亩多一片盛产天麻的白夹竹林地，安装了不同深度的地温计和气温计，并派专人记录，定期取土样测水分，保护自然出土的箭麻苗，观察开花及结果、果实开裂的动态，获得自然生长的野生天麻与环境生态的科学数据，另外收集和调查全国一些盛产天麻的几个地区不同海拔的气象资料，初步了解适宜天麻生长的气候条件。如四川峨眉山、湖北恩施及陕西汉中地区盛产天麻的山区，年平均气温11℃左右，1月份最低平均气温–4℃左右，年降水量700～1700毫米，相对湿度70%～90%，无霜期180～220天。东北地区虽冬季气温低，但有厚雪覆盖，一般天麻在 30～50 厘米厚的积雪层下越冬，温度不低于 -6℃，才能安全越冬。

（3）土壤。野生天麻在多种土类中均可以生长，如南方的红、黄壤酸性土，北方的棕色或灰化森林土等，但主要是生长在含有腐殖质或比较疏松湿润的砂壤土中。湖北省利川福宝山及寒池山区盛产天麻，这两个地区天麻多生长在农民称作紫红泥、黄泡泥、白膳泥中。紫红泥沙性较强，粗砂及碎石较多，白膳泥土质较黏，黄泡泥介于两者之间。三种土类都有两厘米厚的枯枝落叶层，但腐殖质层却有差异，以白膳泥最厚。因此其土壤质地虽较其他两种土类黏性重，但仍有天麻生长。由于鄂西山区常年阴雨蒙蒙，同时土壤腐殖质含量及落叶较多，故土壤含水量都较高，但不同土类土壤含水量不同，土壤上层含水量较下层高。从调查数据看，天麻多分布在砂壤土至轻砂壤土中，地表覆盖枯枝落叶，土壤 0～30 厘米的湿度在 50% 左右。

（4）植被。野生天麻常生长在竹林、竹木混交林及杂木林中。主要伴生植物种类有：白夹竹、麻栎、板栗、茅栗、水东瓜、牛奶子、水马桑、槲栎、猴栗、桦树等，以及禾本科植物，蕨类、苔藓等植物。这些植物能形成荫蔽的环境，使土壤湿润。更重要的是它常伴生着天麻的共生菌——蜜环菌。特别是砍伐后余留在土中的残根，更是蜜环菌根滋生的场所，天麻往往在这种环境中生长。野生天麻一般很少生长在针叶林中，而阔叶林特别是板栗、猴栗、青冈、锥栗、桦树等伴生天麻最多。

（5）地形。在大森林的深处很少有天麻分布，天麻多生长在森林的边缘地区和次生林中。天麻对地形、坡度和坡向要求不严格，但以向阳的山坡平台处分布较多，陡坡分布少，这与枯枝落叶不易停落、腐殖质层的厚度及土壤含水量有关。

通过调查不难看出，野生天麻所需要的生态条件，并不是单一的，是不同条件的综合。其中以竹木为主要因素，因为天麻共生真菌——蜜环菌需要从树根、竹根或腐木上获得营养。

野生天麻在土壤中分布的调查结果如下。

（1）天麻在土壤中平面分布。徐锦堂等人调查了数十窝天麻在土壤中的平面分布情况后，觉得以下两个调查实例很有代表性：第一个：1964 年 4 月 27 日，在福宝山一个叫金竹林的地方，挖到一大窝天麻。此地海拔1400 米，晚阳山 15 度坡，为金竹及白夹竹林地，稀疏间杂有油竹、尖栗、冬青、麻桑等树种。轻轻刨去表层土壤，在1米见方的样方中生长有箭麻1个，重127克；白麻8个，平均重19.09克；米麻101个，药农称其为窝天麻。第二个：1965年4月19日，在福宝山叫赶场坡的地方，它的海拔是1400米，向阳5度坡的小平台，较密的油竹林高2～3米，白夹竹稀少，表面枯枝落叶厚3～6厘米，天麻分布在5～15厘米深处，有一株头年留下的枯干天麻地上茎秆，在1平方米的样方中天麻分5小窝，挖得箭麻6个，重511.9克；白麻27个，重529.6克，总重1041.5克；米麻156个。徐锦堂亲手绘制的野生天麻平面分布图，让人一目了然地看到了5窝天麻的分布状况。从两个调查实例中可以看到，箭麻和白麻的顶芽基本都是以中心为点向外放射状生长，说明其中心有一个共同的母麻；母麻腐烂后新生麻都游离生长，中间可能还会生长有多个白麻和米麻，由于未能和蜜环菌建立营养关系，因营养亏缺而死亡，只在现存的箭麻后边，还有两个以上的白麻及多个米麻。

（2）天麻在土壤中垂直分布。根据1965年4月19日在福宝山叫赶场坡这个地方的实例表明，箭麻多分布在表土5厘米以上，有时扒开枯枝落叶层便可发现半裸露的箭麻。白麻在土壤中分布较深，一般在10厘米以下，甚至在30厘米深处，在不同的土壤中分布的深浅有区别。竹林地分布较浅，荒土或较疏松的土壤则分布的较深。由此看出，白麻一般向下或水平生长，而形成箭麻后，顶芽却向上生长，几乎露出地面。如果箭麻生长在深土层，或其顶芽上压有小石块，就不易出地面，不能繁殖后代，这一特性也是自然选择的结果。

野生天麻繁殖与生长的调查结果如下。

野生天麻的生长繁殖规律是天麻野生生态调查中的重点观察项目。为了观察天麻的生长动态，在1964年定期调查的基础上，1965年3月至1966年1月，每10天调查1次，每次采挖10个野生天麻，对其主芽进行测量，与母麻作比较。由于野生天麻采挖十分困难，调查的数量较少，且不是定株调查，个体差异很大，测量数据有上下变幅，但仍可看出一定的规律性。

天麻野生生态调查异常艰苦。到了调查约定日期，风雨无阻，雷打不动。为了获得平均值，每次必须挖到10穴天麻。有时天黑了还不够10穴，他们就打着手电筒继续寻找。山里雨天多、露水大，棉衣经常是湿漉漉的。

通过定点观察，将一年内8个多月定期调查的天麻标本，由小到大一溜排开，它究竟是怎样繁殖生长的就鲜活地展现在人们的面前。结合各天麻产区的气象资料，基本摸清了天麻的分布规律，掌握了天麻生长所需温度、湿度、土壤质地、伴生植物等生物链和生长条件。天麻生长的全过程在徐锦堂脑海中逐渐清晰起来：天麻属多年生草本植物，如果更准确地计算，它是三年生草本植物。

初识蜜环菌

俗话说：庄稼一枝花全靠肥当家。那么，天麻靠什么生长呢？当年，对徐锦堂来说，资料、经验，一切皆无。他坚信：无论是自养生物还是异养生物，要生长繁殖，都需要从外界环境中摄取所需要的物质和能量，这是所有植物生长的规律。当时，听说日本人草野俊助1911年发表过"天麻与蜜环菌共生"的论文。徐锦堂从1959年搞天麻开始，就一心想找到这份资料。中国医学科学院图书馆、北京图书馆、中国农业科学院和中国农业大学图书馆，他都跑遍了，不仅这篇论文没有找到，其他任何关于天麻营养来源的资料也一无所获。

1962年的一天半夜，徐锦堂一觉醒来奇怪地发现，堆放在床底下的天麻发出一种蓝光，下床掰开这种发光的天麻一看，发现是快要腐烂的母麻，里面长满了白色菌丝和红黑色菌索，发光的东西就是这些菌丝。联想到前几天工人劈树根掉在地上的木渣晚上发出的蓝光，与床下天麻发出的光一模一样，这些发光的菌丝，是否就是草野俊助所说的蜜环菌呢？

徐锦堂把木头、朽树根发光和天麻发光联系起来，突然产生用这些发光的木头栽天麻的想法。这也是后来利用野生菌材栽培天麻的思路来源。

在野生生态调查中，徐锦堂特别留心蜜环菌的分布，以及它的出现与天麻生长的关系。有药农反映：挖野生天麻的时候，常常挖到像线绳那样的黑丝丝，药农管它叫"报信"。只要看见报信，就可能挖到天麻。另外，当地9月、10月间苞谷（玉米）收获时，在一些死树桩上常会生长出蘑菇，味道鲜美，当地人称其为"苞谷菌"。苞谷菌常在烧过山或砍过山后3～4年的老树桩或死树干的基部生长。特别在阴雨连绵的秋天，雨后春笋般地长出来，药农在采摘苞谷菌的树桩下还经常挖到天麻。

联想到草野俊助关于"天麻与蜜环菌共生"的说法，徐锦堂想"苞谷菌"是不是蜜环菌呢？为了证实这种推测以及探究它与天麻的关系，天麻组的同志在福宝山采收了50株"苞谷菌"子实体进行形体观察和鉴定。

苞谷菌丛生，子实体平均高 8.5 厘米，菌盖直径平均 5.9 厘米，偏半球形至平展形，浅土黄色，中央有毛鳞，菌柄平均长 7.5 厘米，直径 0.59 厘米，纤维质内部松软，菌柄基部稍膨大，基部与黑褐色菌索相连，菌柄上有双环，菌褶直生至延生，孢子无色透明，圆形或椭圆形，孢子大小（7～8）微米 ×（5～5.5）微米。孢子银白色，菌丝可发光。

根据以上苞谷菌外观形态、生长形状，经鉴定苞谷菌即为蜜环菌。

在蜜环菌子实体生长季节（10 月份），调查发现一个典型情况，在一根羊奶子树根下挖到了一窝天麻，其母麻块茎上分布有黑色的蜜环菌根状菌索，并与树根上根状菌索相连，树根基部丛生着蜜环菌子实体。

根据调查归纳如下结果：①凡是能挖到野生天麻的地方，它周围树根（桩）上都生长有蜜环菌的根状菌索，有的秋季能生长出子实体，天麻分布的树种就是蜜环菌分布的树种。②分布有蜜环菌根状菌索或秋季生长子实体的树根下，不一定都能挖到天麻。③不是所有生长蜜环菌根状菌索的树根树桩上均可长出子实体。

据此，徐锦堂得出这样的结论：蜜环菌是一种兼性寄生菌，离开天麻可以生活，而天麻生长离不开蜜环菌。

如何将纯菌种接在天麻种麻上费了不少周折。开始将试管菌种放在种麻与木段之间，培养基很快染杂菌腐烂。接不上种麻，研究工作再次进入茫然阶段。

天麻种子繁殖的启示

天麻野生生态调查之后，徐锦堂意外发现野生天麻的有性繁殖，即用种子繁殖的方式。在自然条件下天麻是否可用种子繁殖，虽然理论上的推理是肯定的，但是在天麻研究的记录上却是空白。

1963 年，在利川福宝山及寒池山区，一种奇怪的现象引起徐锦堂的注意：过去从未长过天麻的山坡，因为种党参烧山开荒三四年后，在死树桩旁经常能挖到天麻。他想：如果只靠无性繁殖（用天麻块茎繁殖的方式），绝不会在这么短的时间内传播到这么远的距离。尤其是他在寒池药材场一个垂直陷落深五米、直径六米的陷阱内，发现阱底有一窝生长着的天麻。在这块与四周隔绝的特殊地形中，天麻采用无性繁殖方法传播到阱底的概率几乎为零。唯一的解释是——天麻采用种子繁殖，即天麻有性繁殖。

陪同徐锦堂野生生态调查的福宝山药材场工人黄家财，是一位有多年采挖野生天麻经验的老药农。他告诉徐锦堂说:"每当我看到林中树叶下有一些'蚂蚁蛋'就记下来,等过几年再到这里来,一定会挖到很多天麻。"这给徐锦堂很大的启示,这些"蚂蚁蛋"会不会是天麻种子发芽后的小天麻呢?如果是的话,天麻种子靠什么发芽呢?

天麻种子奇小,一粒花生米大小的果实里,包含着数万粒种子,细小如粉尘。种子由胚及种皮构成,无胚乳和其他营养贮备,发芽非常困难。半个多世纪以来,国内外众多专家对此进行过研究,但未见成功的报道,这是兰科植物种子萌发的一道难题。20世纪70年代,特别是天麻供应紧张的70年代后期,一些科研人员开展了大量的促天麻种子萌发的实验,但是未见实质性的突破。

天麻野生变家栽首次成功

利川县寒池药场海拔1800米,与恩施县接壤,恩施板桥生产党参,质量极佳,称作"板党"。寒池药场1955年建场以生产板党为主业,原是个林区,砍林种党参,收获后即成农田,寒池药场有野生天麻。当年徐锦堂到那里是从县城坐车到柏杨公社,再爬100里山路到寒池。场长吴厚繁是个老学究,写一手好字,又懂些医术，人很和气，在县里开会时徐锦堂和他见过几次面。徐锦堂在寒池农场，两人吃住在一间场长办公室兼卧室的小房子里。

寒池山高雨多气温低，夏天也需烤火。当地产一种含硫量很高的煤，这种煤在火盆里垒起来燃烧，直冒蓝烟，一股呛鼻子的硫黄味使人难以睁眼。几天之后就会出现两眼红肿的症状，点眼药水后奇痒难忍，需两手狠搓才好一点。

在寒池，徐锦堂对野生天麻的生态环境进行了调查，发现十余个种党参时砍伐的树根蔸下都生长有天麻。这些半腐的树根蔸夜间都能发出荧光，并生长有菌丝索，这与在福宝山看到的母麻发出的荧光一样，启发徐锦堂用能发光的树根蔸伴栽天麻的想法。另外，他还在供销社收购员老李那里学到了天麻加工技术，并从他收购的五批 134.3 斤天麻中计算出白麻（种麻）和箭麻（商品药材）的个数比和重量比，重量只占 13.9% 的白麻，数量却占 40%。有经验的药农采挖野生天麻时只轻轻挖出箭麻，不动土层和种麻，也不告知他人，成为他自己连续几年采挖天麻的"领地"。

徐锦堂根据蜜环菌能够发光的特性，从老乡那里一分钱一斤，收购了不少发光的树根蔸。收购交易全在晚上，他根据是否发光决定买还是不买。

1965 年 4 月 16—23 日，徐锦堂在寒池农场进行了菌材伴栽天麻的试验，试验分为三类处理：①每穴埋入一个完整的发光树根；②每穴埋入一个发光树根并加入半挑竹根；③每穴埋入发光的竹根半挑。每处理栽 15 穴，每穴栽入 11 个白麻，用腐殖质土垫底并覆盖。不少树根菀砍伐后，时间长，腐朽较重，或树根菀小，加入了新鲜木棒。应当说，这是徐锦堂人工培养菌材伴栽天麻的最初试验，也是 20 世纪 70 年代大面积人工栽培天麻成功的起点。

1966 年 6 月，在寒池药材场第二处理的 21 号穴中挖到 4 个箭麻，总重 516.9 克，最大的箭麻 215 克。这是人类第一次利用蜜环菌材伴栽成功的天麻！

1966 年 8 月，就在天麻神秘之门即将叩开之际，"文革"爆发了。一封催促徐锦堂回京"闹革命"的电报，迫使他停下了研究的脚步。

蹉跎岁月中的艰难求索

劳其筋骨

徐锦堂步入科研的时代，正是中国近代极其特殊的历史时期——国人既激情燃烧，又饱尝"大跃进"苦果；知识分子既要发挥聪明才智，又要改造思想走与工农结合之路。当年知识分子与工农大众实现"三同"，即同吃同住同劳动，是判断知识分子思想改造是否完成的试金石。

1958年，徐锦堂从石柱县黄水坝到比邻的湖北省利川县鱼龙公社搞调查，接待他的公社妇女主任安排他的食宿。晚上，他与一位小学男老师睡一张床，两人同盖一床被子。他虽然知道这是当地的习俗，却怎么也接受不了，只好披着一件大衣坐了一宿。1959年，他在四川的黄水农场和湖北的福宝山药材场两地蹲点。开始，他的行李放在黄水农场，到福宝山就和老工人睡在一个被窝，他开始也不习惯，后来和大家混熟了也就习惯了。有时分场同志到总场开会，半夜突然钻到他被窝里也是常事。

由于这种习惯，加之长时间不能洗澡，招了一身虱子！有一年徐锦堂布置贝母试验，工作十分紧张，他和工人睡在一块，20多天没换过衣服，也没觉得身上痒。工作结束，他下山住进旅馆才感到不舒服。脱下内衣一看，天哪！已无法把虱子们一个个杀死，只好捏在一个破碗里，集中消灭。冬天回家，洗澡后换掉内外衣，但没换毛衣，结果造成大人孩子都遭虱灾。徐锦堂后来有了经验，回家将所有的衣服都喷敌敌畏，大包包好，冻在院里过20天再喷一次，然后用开水烫过才可除根。

1958年"大跃进"，全国各地放高产卫星，亩产千斤、万斤，甚至十几万斤，小孩躺在稻穗上睡觉。报纸上公开登载"鼓足干劲生产、放开肚皮吃饭"。全国公社化、食堂化，好像就要进入共产主义社会了。徐锦堂等人在湖北咸丰县调查时，生产队听说他们是北京来的客人，这个队一餐做30个菜，那个队就招待40个菜，互相攀比。大食堂吃饭不要钱。

当年，全国基本风调雨顺，粮食普遍丰产，但粮食丰产没有丰收，劳动力都拉去大炼钢铁了。徐锦堂从产区返京是12月31日，沿铁路两旁晒着许多白薯干，长霉了都无人收。北京西苑一带水稻很有名，但是隆冬季节水稻还戳在稻田里没人收。转过年就开始了"三年困难时期"。外地饥馑始于1959年，北京晚一年。那年徐锦堂的户口在研究所里，不用领粮票，食堂饭票还可随意买。1960 年北京也进入了困难时期。

号称"天府之国"的四川省,因为放卫星、搞浮夸,1959 年就闹开了粮荒。四川省执行的粮食政策非常严,干部口粮定量 24 斤。因徐锦堂不是一线劳力,每月将北京定量的 32.5 斤粮票交食堂,给他重新定量为每月 19.5 斤。每天 6 两每顿 2 两粮食怎么够吃呢?蒸饭时每个人的碗是固定的,按你的定量放米加水蒸好后,再加二遍水蒸,美其名曰"双蒸法"。菜是用挂在房梁上发霉的干萝卜叶,加把盐煮一大锅汤。就这个吃法,顿顿如此。徐锦堂咬牙挺住了。说来也巧,因为能定时、定量并能吃到热饭,几个月后,徐锦堂原来的慢性胃溃疡反而好了,可能是胃负担长期减轻的缘故,也算是因祸得福。

在福宝山药材场,1959 年春天全场工人口粮陡然降到每月 15 斤。玉簪花叶成了主食,洗净切碎后掺些玉米面,抓把盐熬成粥就算正餐了。有时挖到土茯苓或油菜打菜籽后的根,用生石灰水浸泡腐蚀后,打碎磨成粉蒸窝头吃。这种窝头吃下去先是肚胀,后又解不下大便,能吃到洋姜或野蕨根粉都算改善饮食了。

有一天徐锦堂到食堂打饭,老炊事员悄悄对他说:徐老师,你的定量高,户口又不在场里,不用在食堂打饭，拿粮票到粮站买粮，自己做着吃吧！徐锦堂一口回绝："全场工人都吃野菜，我怎么能吃粮食！"仍然坚持每月 32.5 斤粮票全部交给食堂，自己没开过一顿小灶。那几年，粮票就是人的命。工人同志都说："北京来的大学生真能吃苦啊。"

饥饿的生活，使很多人坚持不下去了。福宝山药材场 900 多人，有 390 人下了山。徐锦堂像候鸟一样，依然冬去春来。他的行动感动了很多工人，布置试验时，即使饥肠辘辘也没有人打退堂鼓，徐锦堂的研究计划从未延误过。

福宝山来了个长着"飞毛腿"、特别能吃苦的北京人，他的一些故事不胫而走，不仅传到利川县领导的耳朵里，还传到了恩施地区机关。恩施地区特产局林局长，特意接徐锦堂去做研究工作，其实主要是安排他到局领导的中灶吃饭。局长们一餐只吃一两个馒头，他一餐吃十几个，炊事员都惊呆了。

那几年，利川县有几位老红军、老干部，享受"四个一"的特别照顾，即每月特供一斤糖、一斤油、一条烟、一斤肉，利川县委决定也给徐锦堂"四个一"的待遇。药材场工人们长期见不到油花，徐锦堂自己又怎能独自享受，所以每月都是和大家一起打"牙祭"。

参加过长征的老红军、利川县特产局李三涛局长，经常打电话叫徐锦堂去"汇报工作"，实际上是给他"打牙祭"。每次到李局长家，李局长的老伴都专门为徐锦堂包饺子。困难时期照顾老干部的白面，也是李局长夫妻和三个孩子从嘴里省下来的。这让徐锦堂终生难忘……

1959年国庆节，蹲点的黄水农场一大队杀了一头猪，晚饭做了几个菜，每人增加到半斤米饭，大家饱饱地吃了一顿饭，饭后每人可买半斤饼干。十点多钟，徐锦堂和同宿舍的孔文彦都躺在被窝里，但谁也睡不着，在床上翻来覆去。小孔忍不住说："徐老师，咱们把饼干吃了吧！""好！"于是点着灯，俩人坐在被窝里吃完半斤饼干才安然入睡。

1962年，福宝山药材场大食堂解散，以生产队为单位建立小食堂。科研队商量自己开伙，但粮食是大家的命根子，放在哪里也不放心，最后讨论还是放到徐锦堂的卧室里保险，这是大伙对他的信任，他又成了粮食保管员。徐锦堂发动大家利用棚边、地角种了好多包包菜（圆白菜）。结果，他们的小食堂办得最好，除定量外还可吃一大碗包包菜。徐锦堂想，夏天吃包包菜，冬天吃什么？想到小时候种过南瓜，南瓜好吃产量又高，还可长时间存放，于是就在试验田周围种了许多南瓜。徐锦堂精心追肥管理，秋天南瓜丰收，堆起来占去了他的半间卧室，大的有40多斤重。有工人提议说："徐老师，南瓜收了那么多，咱们吃一顿吧！"徐锦堂不同意说："现在吃南瓜，冬天吃什么？"那年，半屋的南瓜陪伴饥肠辘辘的工人度过漫长的冬天，徐锦堂没有吃上一口。

徐锦堂还从花台乡买了两只羊牵到福宝山，五里路走了多半天。这些羊是群养的，用绳捆住羊角往回拉，一个向东，一个向西，一蹿老高，简直把他整惨了。徐锦堂回京后，工人来信说，一个冬天他们都吃南瓜，吃瓜时大家都会想起他。过春节时杀了羊，还给他留了一只羊腿。徐锦堂和工人们像是一家人，工人们把他当成主心骨。

1964年，黄连试验已近尾声，除了留下几名观察记录和管理黄连的人员外，科研队其他工人都并入人参队。一天徐锦堂去看大家，梁光友拿出一把挂面招待他。挂面在福宝山可是稀罕物，吃挂面不是一人一碗，而是将一斤挂面一锅煮好，放在桌中间当菜吃。灶台和锅高度相同，抹得一样平。徐锦堂说我来煮，水开后下入一斤挂面，刚煮了几个滚，一只小老鼠一下跳到锅里，他一勺捞出来，毛已秃噜光了。那时灾年刚过，生活还很困难，一斤挂面来之不易。大家都看见了，谁也没吭声。徐锦堂把挂面煮好，放在桌中间，大家就着挂面吃米饭，有个工人开玩笑说：徐老师煮的老鼠肉挂面还真有点荤味哩。这个味，徐锦堂记了几十年……

不畏艰苦

1960 年的一天，上级通知要黄水农场派人去倒粮库，从悦来镇倒到 30 里地外的鱼池镇。一大队把任务分给每个人，徐锦堂不是下放干部，没有给他派任务，但是他留在家里坐不住，也准备了扁担和皮篓，一起去运公粮。一大队到悦来镇 50 里，天不亮就动身，天黑才能返家。

徐锦堂没有长途挑担的经历，人家女同志都挑八九十斤，他只能挑七十斤。会挑担的看着就挺轻松的，担子在肩膀上一起一落，分量不死压在肩上，且边走路边换肩。徐锦堂不会，担子一直死死压在肩上又累又痛，换肩时得把担子放在地上，影响了后面排队走的人。那天还下着蒙蒙细雨，两个肩膀压得起大大小小的血包，从左肩倒到右肩，后颈一拧一层皮。他咬紧牙关，一天天坚持下去，经过十几天的苦熬，徐锦堂挑的重量增加了，能挑百十斤，扁担一上一下颤起来，反而轻松多了。经过这次运粮，他练出一副"铁肩膀"，以后每年在福宝山给黄连冬季追肥，从马场把马粪运到试验田有三四里路，徐锦堂每担挑100多斤粪，十几天追完肥，挑担的事再也难不住他了。

一大队离黄水街15里。一个休息日，队长说："咱们要修猪圈，急等用瓦，谁要上街赶场，可带条扁担，挑一挑瓦回来。"徐锦堂正好上街寄信，上午挑了一挑瓦，下午没事儿，他想待着也是待着，反正队里需要瓦，就又拿起扁担，挑了一担瓦回来。

徐锦堂蹲点时，除了要完成分内的研究工作外，还需要调查所在省的药用植物栽培技术情况。1959年夏，他在黄水农场布置完试验后，又抽时间去了一趟英山县，调查茯苓培养技术。动身时队长对他说，带点茯苓种回来，咱们在农场试种一下。

徐锦堂乘船到武汉，转乘小火轮到黄石市，正赶上大雨冲垮公路，下船后走100多里路到英山县。调查了茯苓栽培、管理、加工技术后，写了调查总结，买了30斤茯苓菌核带回黄水农场。从汉口坐船到万县，换小船到西沱，下船后得爬30多里一条坡，再走几十里才能到黄水农场。他在万县买了两斤高价肉松，爬到半坡，背着 30 斤茯苓感到越背越重。路边没有农户，饿了就抓把肉松吃。肉松盐多，吃完后嘴干，只好喝沟里的水。谁知这些水是从上面稻田里流出来的不干净水，肚子疼得要命。徐锦堂挣扎着把茯苓背上山，但人已虚脱，躺在地上。过了很久，一个放牛的小孩叫醒他，告诉他前面不远就有个小店。他在小店里住了一晚，次日回到农场。由于喝了不洁水染上了痢疾，病情越来越重，数不清一天拉多少次，他想请人抬他到县医院，又怕耽误了试验田的观察。这场病不轻，几乎要了命。后来他看到司务长买回一捆大蒜，就求他卖给自己一些，每顿饭他吃两三头大蒜，也许是大蒜能杀菌，总算死里逃生。

第二次命悬一线发生在回京路上。长江自万县以下穿过巫山山脉，形成举世闻名的长江三峡，以险著称。西从奉节县白帝城的夔门入峡，东至宜昌市南津关，全长 204 公里，分为瞿塘峡、巫峡、西陵峡。巫峡由巫山县入口，有著名的巫山十二峰，挺拔青翠，是三峡中最险峻的江段。江水贴着峭壁，无岸无边、水深莫测、水流湍急，江水由两岸向江中倒翻，就是鹅毛也会顷刻翻到江底。

三峡是徐锦堂回京的必经之路。那年从万县上船，下午抵巫山县，稍事休息即起航进入巫峡。他搬了把藤椅坐在舱外观景，忽见船员急急忙忙跑过来，让旅客回舱，不准走动。不知发生了什么险情，接着听到一声震响，船慢慢调头，退回巫山。一个船员对他说："太危险了，船长救了全船人的命。"原来这条船在重庆修理时，就发现润滑油管有点问题，准备回武汉后大修。谁知进入巫峡，润滑油管堵塞，尾舵发热粘连不能转动，等于汽车没有了方向盘。更严重的问题是船正下水航行，无法退出峡口。船长经验丰富、驾船技术高超，他选了巫峡一处比较宽的江面，可以使船调头，然后抛了锚，船才调过头来，砍断锚链，弃锚后靠船左右两部小发动机交替开动掌握方向，推船前行到巫山县。船员说："如果在巫峡翻船，全船人在劫难逃，据说武汉直升机已准备起飞救人。"船在巫山县修理后，次日才起航安抵武汉。

第二年徐锦堂从武汉乘船上行，向船员打听此事，人家很惊讶："你坐那条船吗？太危险了，舵机失灵本来就是大事故，在三峡舵机失灵，那可是灭顶之灾。"那条船回武汉后停航三个月，全长江航运的人员都上船参观，以防类似事故再次发生。

不怕吃苦又勤于动脑是徐锦堂的过人之处，他在产区的崇山峻岭间找到了天高任鸟飞的感觉。1959年，在药物所元旦献礼学术报告会上，徐锦堂被推选作"林间栽连试验初报"的学术报告，并将论文收入1959年药物所论文集中，这对于刚参加工作一年的年轻人来说，是莫大的肯定和鼓励。1960年年初，全所开展"跃进奖"评选活动，30多人的栽培室有2个名额，徐锦堂被选上了，奖金30元，在当时的事业单位发奖金，还是破天荒头一次。

在黄连产区，他坚持与工人同吃、同住、同劳动，与当地群众打成一片。不怕吃苦的精神，被干部群众看在眼里记在心上，他被福宝山药材场选为劳动模范，树立为标兵、青年人的榜样。1962年10月18日，《湖北日报》发表了记者郭方的长篇通讯"高山引来栽药人"，随后湖北人民广播电台全文广播。

徐锦堂的事迹引起药物所和中国医学科学院领导的重视，中国医学科学院党委宣传部部长找他谈话，肯定他扎根山区搞科研、扎扎实实干工作的精神，中国医学科学院院报记者对他进行了专访。1966年2月12日，中国医学科学院院报第三版用一个整版发表了长篇通讯"长期深入山区和药农'三同'为增产药材贡献力量"。1965年12月14日，在卫生部京内直属单位学习毛主席著作经验交流会上，徐锦堂作了"高举毛泽东思想伟大红旗，深入药用植物生产第一线"的大会发言，并被邀请去劳动卫生研究所等单位演讲。1966年3月3日，《光明日报》头版头条发表了"扫除个人杂念才能挑起重担——山区蹲点七年同药农结合研究黄连栽培改造思想的经过",中央人民广播电台进行了全文广播。

"文革"中单位揪走资本主义道路的当权派,被当权派树立的典型自然也在劫难逃。"造反派"成立了徐锦堂的专案组,专门派人到福宝山调查他的黑材料。所幸当地群众竭尽全力保护他,没调查出什么"有用材料",专案就不了了之。

"五七"干校

"五七"干校是"文革"时期全国各地根据毛泽东《五七指示》兴办的农场。1968 年,黑龙江柳河干校命名为"五七"干校,成为中国第一个以此命名的干校。此"五七"干校一出,全国遍地开花,许多老干部、知识分子都被下放到干校劳动。当时中央国家机关在河南、湖北、江西等 18 个省区,创办了 105 所"五七"干校。

1969 年,卫生部的"五七"干校在江西永修农村建立,卫生部系统的大规模干部下放随即开始。"文革"前栽培室差不多每年都有下放任务。在药物所,药理、植化、合成是重点研究室,下放任务栽培室是重点。他做过一个统计,20 世纪五六十年代,栽培室共调出 40

多名老同志，有些是照顾夫妻两地分居，大部分是下放基层。1958年，分配到栽培室的5名同志，留下来的只有他1人。下放干校劳动，是一时的事还是一辈子的事，谁心里都没底。徐锦堂想，下放"五七"干校，原来学的专业无用武之地，将来当农民总得有点手艺，他这辈子饿怕了，首先想到的是养家糊口。

当时，解放军快速针灸疗法很火，徐锦堂决定先学针灸。单位的公费医疗在虎坊桥一家中医院。"文革"中，他患肩周炎，因早有学针灸的想法，就每天挂针灸科号。针灸科主任是一位中年大夫，刚从部队学得快速针灸疗法。徐锦堂每天跟在人家身后转，人家问他缘由，他赶紧把想学针灸以备去"五七"干校的想法说了。人家很同情他的境况，也有感于他的诚心，像带徒弟一样每天边示范边讲解。徐锦堂白天跑到医院学，晚上背穴位，并在自己身上试针感、做记录。有时睡到半夜突然想起某个穴位拿不准，开灯在孩子身上摸穴位，把他爱人吓一跳，以为他得了神经病！

徐锦堂还想学理发，设想在农村挑个剃头挑子也能够维持生活。他到理发店假装理发，但排队老往后面错。两眼全神贯注盯着人家理发员怎样给男客人剃头，怎样给女客人剪发，渐渐被他看出了门道。于是他买了一套理发工具，先在家人头上一试身手。几次下来，推子剪刀就得心应手、熟能生巧了。他对自己的要求是不但要学得会，还要学得好。一到干校，他们连100多人的理发基本由徐锦堂和一位女同志包了。后来从干校回来，每到春节前几天，他还得开几天"理发店"。研究室的同志、西北旺药场的工人、"五七"家属班的女同志都来找他理发。他还学会了裁剪缝纫，家里大人孩子稍好点的衣服都由他来做。他做的四个兜中山装，还曾被同事借去接待外宾时当礼服穿。此外，修锁配钥匙、修理钢笔、裱糊顶棚、做饭炒菜等等，他都是"行家里手"。

1969年8月的一天晚上，徐锦堂躺在单位集体宿舍床上暑热难眠。隔壁就是药物所药场革委会领导小组办公室，两间房隔音不好，那边正在讨论下放人员名单，这么保密的事情，他们竟未想到"隔墙有耳"。当听到念自己的名字时，徐锦堂知道留下的希望破灭了。这一夜他想了很多——前途、研究课题、将来的生活等等，何去何从两茫茫。这天夜里下了半宿冰雹，第二天早上他想再去看看天安门广场。走到那里只见一片狼藉，冰雹把准备国庆节刚换的大圆灯罩都砸碎了，路边水沟里还积着半沟未化的冰雹，最大的有鸡蛋大。他在水沟边站了一会儿，看着天安门城楼，心想以后还能看到天安门吗？还能回到北京吗？

下放名单公布了，要求国庆节前必须离开北京，到江西省永修县卫生部"五七"干校报到，每人发了一条麻袋算作临别留念。下放的同志要将试验室手头用具和原始记录、总结报告整理好，交给指定接管的同志。徐锦堂整理东西时想带走一把小镊子，准备在针灸时夹酒精棉球，接管的同志说得请示领导，他只好作罢。看到与他一块下放的李志亮同志把手头用具和笔记本之类的东西，装进试验台下的柜子里并加上锁，就问她："你锁它干什么？"李志亮答："等回来用。"

"你还想回来？这次是'砂锅里捣蒜——一锤子买卖'没有下一回了。"这就是徐锦堂当时的心境。

那段时间，别人都用异样的眼神看待下放人员，好像他们犯了什么大错。徐锦堂母亲知道儿子要下放，要去"劳动改造"，整日以泪洗面。邻居康奶奶安慰他母亲："徐大哥是多好的一个人，怎么就下放了？"徐锦堂母亲硬撑着说："这是要走毛主席的'五七'道路。"康奶奶的儿媳在旁边不客气地说："好人？好人还能下放吗？"弄得康奶奶和徐锦堂母亲十分尴尬。

康奶奶患全身过敏性皮炎，奇痒难耐，全身都抓破了，在大医院治了半年多不见好转。徐锦堂刚学完针灸，很想显显身手，就对康奶奶说："我给你扎扎针灸吧。"因为是多年的好邻居，康奶奶虽不抱什么希望，但不好回绝他的好意，问道："行吗？他大哥？"

徐锦堂按学到的穴位，给她针灸了几次，十天后，康奶奶完全康复。康奶奶痊愈后，到处讲徐锦堂针灸扎得好并请他给她的亲戚扎针灸。去前，徐锦堂母亲让他把火炉上的一锅开水端下来，他满脑子都在想针灸的穴位，不小心把开水倒在自己的小腿和脚面上，立刻鼓出一个个大水泡，疼得他直冒冷汗，赶快骑车到医院包扎好。稍事休息，他觉得已答应给人家针灸怎么好失信呢？骑车数里地，如约去给人家扎了针。康奶奶听说他脚伤后还去给她亲戚扎针，联想起她儿媳说的话，感到很对不住他，一再向他表示歉意。

自学针灸为乡亲治病

在缺医少药的年代，有针灸总比不治疗强。徐锦堂下放到干校，针灸果然派上了用场。不仅干校的许多同志都找他治病，周围村庄的老乡也找他治病，渐渐徐锦堂成了当地的名人，他还成了连队（当时学军队的叫法）与周围老乡联系的联络员。凡是家属探亲，他帮忙找房子。连里需要向老乡借东西，也由他出面，徐锦堂和周围乡亲们的关系最好。他的房东是安徽的移民，妻子便秘的痼疾已经好多年了，去南昌住了几次医院也未见效果。协和医院的医疗队到干校时，徐锦堂带她去检查，验了大便开了药也未管用，大夫说医疗队缺仪器设备，希望她能去北京住院治疗。从江西去北京谈何容易？一筹莫展之际，徐锦堂和她商量："要么我给你扎针灸试试行不？"他选择了上下肢和腹部几个穴位，扎了三四天就有了明显效果，扎到第十天，她的大便完全正常了。后来徐锦堂随连队搬家到云山水库，他还像大夫一样追访了三个月，直到确认疾病完全康复才放下心来。

俗话说：艺高人胆大。云山水库住地旁有一家姓傅的老乡，其子傅义龙17岁了还不会说话。徐锦堂跃跃欲试，主动登门施治，可是人家父母并不欢迎，碍于面子才勉强同意让他给扎扎看。哑门穴是治疗聋哑的关键穴位，刚开始他给傅义龙进针，只敢进一寸深，傅义龙没有太大针感，效果也不明显。徐锦堂觉得首先得自己找到针感，才能治好别人的病，于是在自己的哑门穴上试验。当进针一寸深时，他觉着针仿佛刺在一件硬物上，只有麻胀而无触电感。如果再进针，危险性太大，把自己扎成哑巴或瘫痪怎么办？"不入虎穴焉得虎子"，犹豫再三，他决心继续试针。当针刺进 1.5 寸时，突然好像刺透了那层硬物，一股电流直通肩膀，针感非常强烈。他用自己的身体找到了针感，才敢给傅义龙进同样深度的针。一个多月后，奇迹出现了，傅义龙不但完全能听到声音，而且会说话了，教他唱歌也不走调，但就是记不住。头天教他"茶缸"，第二天就忘了，徐锦堂知道这如同幼儿学说话一样需要日日重复。傅义龙从来没有听见过这东西叫茶缸，怎么一次就能记住呢？傅义龙会说话了，他的母亲非常高兴，激动万分，到徐锦堂连队里又唱又跳，万分感谢"五七"战士。

1969 年 12 月 23 日，卫生部"五七"干校的《"五七"战士》报上刊登报道：接受贫下中农再教育的丰硕成果——"五七"战士治愈聋哑病人。文中写道："一天直属二连的宿舍里来了一位贫农老大娘，她的眼里闪着激动的泪花，朝着伟大领袖毛主席的画像高唱歌曲，她来感谢毛主席，是"五七"战士治好了他儿子的聋哑病。给这位老大娘的儿子治病的二连战士徐锦堂同志并不是医务人员，为了让阶级兄弟少受痛苦，徐锦堂同志常在自己身上试针。最有效的针感他试到了，病人的疗效也就日益显著。"现今这份小报徐锦堂仍然珍藏着，当作他们家的文物。傅义龙是卫生部"五七"干校治好的唯一一个聋哑病人。后来徐锦堂从傅义龙的母亲那里听说，在他治疗以前，已有几个医疗队给傅义龙扎过针灸，孩子的牙床疼得不能吃饭也未见效果，所以徐锦堂开始给傅义龙治病时，她不以为然。后来徐锦堂自己也有些后怕：这种冒险行为不值得提倡，自己既不懂医，又没有经过专业培训，一旦出了事故怎么收场？

在云山水库，男同志都住在水库大礼堂里，没电也没有取暖设备，冬季滴水成冰，晚上打一盆水放在床下，早晨起来就冻成了冰坨。干校生活很苦，大家只好苦中取乐。梁晓天、周同惠，还有许多知名的专家都挤在这间大房子里。天黑屋冷，大家钻在被窝里，有时开被窝联欢会，周同惠院士的京剧清唱是保留节目，他的笑声给大家带来了欢乐。

一天半夜，有位老乡来找徐锦堂，说他老婆肚子疼得厉害，请徐锦堂到家里去看看。到他家后，看到他媳妇躺在床上不停地呻吟，徐锦堂给她扎了几针后，肚子疼得愈加厉害了，这可把徐锦堂吓坏了。虽然他知道内关、足三里和腹部几个穴位，"腹深如井，背薄如饼"，不会出大问题，但就怕万一。这时老乡的邻居也来找徐锦堂，原来邻居的媳妇也是肚子疼，疼到在床上打滚的程度。邻居告诉他吃过打虫药，肚子疼得更厉害了。徐锦堂怀疑是胆道蛔虫，应尽快送干校医院，但他们家床上睡着三个小孩，最小的才几个月，男的实在走不开。看到这种情况，徐锦堂实在不忍心丢下病人不管，就让这位农民找来一辆架子车，铺了一条褥子，拉车送病妇到三联村干校医院。寒风吹来，妇女在车上发抖，徐锦堂却一头大汗，脱下棉衣盖在她身上，赶了十几里土路才到医院。代交了住院费，办完手续，已是凌晨三点多了。回去的路上，他还惦记着那位扎过针还肚子疼的妇女。当他放下架子车去她家看时，她已经安然入睡了。她丈夫告诉徐锦堂："针灸后过一会儿就不太疼了。"徐锦堂这才安心回宿舍。

徐锦堂在干校针灸有点名气后，找他治病的人越来越多。37岁的聋哑人周迪金是个木工，他愿意住在徐锦堂所在的二连里干活，就为了让徐锦堂给他治病。周师傅经过治疗后效果不错，听力有了很大恢复，也能张口说话。骑车上路，后边汽车鸣笛，他也知道躲车了。

1972年，徐锦堂去陕西宁强县从事天麻研究，住在滴水铺公社东风三队山沟里，房东李大爷放牛从山上滚下来，颈椎僵直不能转动已半年多了，他给老人扎了一针就转动自如了。这一针出了名，每当他再去东风三队，老乡就把他们的亲戚朋友接来治病，徐锦堂从试验田回来总有人等着。他给针灸后，人家会拿出几块钱作为治疗费，徐锦堂总是笑着对他们说："我这个郎中是毛主席派来的，只治病不收钱。"

徐锦堂的老伴患过敏性荨麻疹十几年，到大医院去过多少次也不见效。在协和医院作变态反应试验，她对海鲜、豆类、冷空气等都过敏，配制过敏药连续注射几个月，效果也不明显。后来徐锦堂建议给她扎针灸试试。她一怕疼，二是不太相信"蒙古大夫"。徐锦堂说就扎十天，如不见效立即收兵。扎到第七天荨麻疹完全退去，老伴说："见好就收，不再扎了。"此后十几年，老伴海鲜等食品照吃不误，偶尔冷风吹到身体某个部位起点疹块也很快散去，全身过敏性荨麻疹完全治好了。徐锦堂"行医"十几年，他给很多人针灸治病，治好过许多疑难杂症，但越扎胆越小。他说："我不是医生，又没有行医执照，给人治好病皆大欢喜，如果扎坏一个人，将'吃不了兜着走'"。他轻易不再施针，偶尔掰不开面子，只在朋友家人身上显显身手。

好"木匠"

卫生部"五七"干校在南昌100多里外的永修县周田村，徐锦堂所在的二连是基建连，他被分配在木工组，主要盖校部和本连的房子。木工组的头儿韩师傅，原是药物所的木工，他跟韩师傅学木工活，从推刨拉锯起步。这是个力气活，技术性也很强。怎样刨平一块木头、凿好一个榫，他都下了不少功夫，并逐渐喜欢上这门手艺。徐锦堂制作了各种刨子、凿子和锯，所做的裁口刨既有实用性又有艺术性，可以控制裁口的深浅、远近、大小，加装轴承还使裁口活省力又轻松。二连承担校部1000人大礼堂的修建任务。他们先放大样，做出样板，再根据样板做大柁架。檩条都是用2米多长的方木接起来的，两个人抱着一根檩条，走在宽不足15厘米的斜人字柁上，放到8米多高的柁尖上，没有任何保护措施，真够悬的！大礼堂工期只有两个月，大家加班加点硬是按期完成了任务。

在干校劳动几个月后，卫生部直属机关的干部也下放到江西。他们最初就住在新盖的大礼堂里，几百人挤在里面，二层铺，床与床之间是仅容一人通过的过道。他们来的第一件事就是盖自己的住房。在校部旁画线、打地基，盖了几排房子，每排十间。墙壁都砌好了，最后一道工序是封顶。江西房子的墙壁是用斗砖砌的，屋顶用五层结构。在山墙上固定檩条后，再在檩条上钉一层木板，木板上铺一层油毡，油毡上钉直条固定，直条上钉横条再挂机制瓦。其中抖油毡是一项技术性很强的活：一人拿一捆油毡，在倾斜的屋顶木板上，前边一人边后退边抖油毡，后边紧跟一人用木条钉直条固定。要求将油毡抖得直，从房檐开始，每层压边都要一样宽。拿着几十斤重的一捆油毡，在斜屋顶上操作，就是当地的老木工也有对不齐的时候。徐锦堂到干校后，练就了一手抖油毡的绝活，抖得又快又直，压边宽窄一致。有一次，卫生部请他去抖油毡，十间房子他不到一小时就全部完工，房下的人都拍手称好。他下到地面时正遇钱信忠部长，有了下面一段对话。钱部长笑着问他："木工师傅，是永修人吗？你这套手艺可真不简单。"

"我不是本地木工，我是'五七'战士。"

"哪个单位的？"

"药物所。"

"原来是木工吧？"

"不是，是科研人员。"

"啊，你什么时候学的这一手绝活？"

"到干校才学的。"

"真不简单，得向你好好学习。"

钱部长光着膀子，脖子上还搭着一条毛巾，看到钱部长的样子，徐锦堂非常同情他的境遇。

徐锦堂干了八个月木工，学了一手需三年才能出师的木工活。从干校返京后，大家都买樟木箱子，而他什么也没买，只带回一套完整的木工工具。20 世纪 70 年代，徐锦堂利用这套工具在星期天和节假日，作了活动床、大衣柜、写字台、沙发等全套家具，没人能看出是出自一个业余木匠之手。

江西有血吸虫、象皮腿和黄癣三大地方病，黄癣也称癞痢头、癞子。在永修县农村常可看到一些长得很俊俏的小姑娘，一年到头都戴一顶破帽子，就是因为癞痢头。这种病主要发生在儿童期，因兄弟姐妹互相戴一顶帽子，或睡一个枕头而传染。在干校，徐锦堂每个月要给男女同志理发，所以许多人尤其是女同志告诫他："你给周围老乡针灸可以，但绝不能理发剃头。"血吸虫病主要传染源是水中的尾蚴。到江西后，有两件让人头痛的事，一是气候闷热，"桑拿"天气让人难熬；二是蚊虫太凶，防不胜防。钻进蚊帐闷热难耐，钻出蚊帐又遭蚊虫叮咬，只有在水中游泳是最舒服的，但又怕染上血吸虫病。由于天气太闷热，大家顾不了这么多，每天中午休息时就去水库游泳。一天，徐锦堂和张清顺吃完饭就向水库赶，徐锦堂不会游泳，平常只在水边洗洗身子凉快凉快。张清顺下水后正赶上一个水坑，一下子没过了脖子，他两手拍水大喊救命。徐锦堂忘记了自己不会水跑去拉他，也掉进了深水里。两人在水中上下翻腾，挣扎中徐锦堂被老张推了一把，他抓到一根树枝才上了岸，然后拉住一根岸边的小树，把老张从深水里拽了出来。两人在水库坝上气喘吁吁，这时连里的游泳大队才赶到。这次差点命丧水底，但徐锦堂从此学会了游泳，也算是一失一得吧。

永修县周田村是个雷电区，常有雷击事故发生。他们住的帐篷中间有一根铁柱，一天下雨，一名同志正好抓着铁柱，一个响雷将他打倒，幸亏未受伤害，大家从此对电闪雷鸣都十分敏感。在修大礼堂时，徐锦堂正在大桁架的尖上钉檩条，忽见有电闪，有同志喊他下来避雷，他说不要紧还远着呢！天越来越黑，当他从桁架上下到地面时，一个响雷打得他坐在了地上。一位先下来的同志坐在一个打铁的铁墩子上，这一声响雷打了他一个跟头。事后徐锦堂想，如果再晚下来一会儿，后果不堪设想。

徐锦堂在"五七"干校劳动一年，虽然吃了一些苦，但苦中有乐，闯过了几道生死关，学会了木工、理发、游泳、针灸和简单按摩，这是一年中最大的收获。年末工作总结时，徐锦堂被选为"五好战士"，还在大会上发言。

全国中草药培训班

在"五七"干校劳动锻炼了一年多，1970 年 12 月，徐锦堂第一批调回北京。领导找他谈话说，年岁大了，不必再长期出差了，可以搞些引种工作。他虽念念不忘天麻研究事业，但也十分感谢领导的照顾。1971 年年初，受卫生部委托，药物所举办了两个全国培训班。在所里举办植物化学培训班，在西北旺药场举办中草药培训班。徐锦堂被任命为中草药培训班班主任，全国各地 50 多位工农兵学员参加了培训。学员中有赤脚医生、部队医院药房干部、中药生产者，也有大学老师，虽然文化程度参差不齐，学习兴趣都很高，但大都未系统学过中草药。徐锦堂在班里选举了班长和学习、生活、文体委员，建立了党小组。课程安排得挺紧凑，学员学习努力，组织纪律严明，受到领导和群众的好评。

学习期间，两个培训班学员联合去北京西山采集、制作并辨认中草药标本。他们住的北安河国家登山队的大本营，原是西山上的一个尼姑庵。汽车送他们到山下，行李炊具和采标本的工具都需人力背上山。实习总结时，有学员说道："那日往山上背东西，我们学员中最多下山背了三次，但徐老师却背了五次。"其实徐锦堂自己没有在意，可学员中真有有心人。这次实习，学员收获很大，认识了近百种中草药，并采到一个两斤多重的特大京蘑。快毕业时，有学员发现一个小学员的箱子里有图书馆的一本书，后来又在他的小笔记本上发现了画着几把钥匙的图案，认为他偷了书。当时还处在"文革"时期，开了这位小学员的几次批斗会，小学员也吓坏了，主动承认他偷了书。毕业时给每个学员都要写总结和鉴定材料，鉴定意见分组讨论后，最后由徐锦堂汇总。他认为这位小学员只有18岁，拿了图书馆一本书是错误的，但如果写到档案里带回单位，将会影响他一生的前途。他把意见向支部书记汇报，书记同意他的看法，但几位积极分子却对徐锦堂有了意见，认为他太没有原则。徐锦堂后来给大家做通了思想工作。这位小学员自己写的总结上，写了自己偷书的事，徐锦堂让他改成借了一本心爱的书未及时还，并写了认识。鉴定意见中也未提"偷书"二字。这名小学员回单位后工作很努力，不久就加入了共青团，成为单位的技术骨干，后来每当他工作上取得成绩时，都会来信告诉徐锦堂。

与学员一年的相处，对他们真有点难舍难分。结业前的一天，培训班班长、解放军军官顾俭克，坐在徐锦堂办公桌对面，看着他默默无语，泪流满面，良久未吐一个字。徐锦堂安慰他:"小顾,别这样,我们以后见面的机会还很多。"小顾毕业后常和他通信联系,后来调杭州一个部队疗养院工作,20世纪80年代还专门来北京看徐锦堂。这个班的学员,毕业后有的成为中医学院药物栽培的教师,有的在中药学校教植物分类,有的是部队药房主任,有的成为科研单位或药检所的技术骨干,也有一部分当赤脚医生,后来有些人下海当了公司老总,工作都很出色。

时光如白驹过隙,转眼30多年了。学员中一些人仍与他鱼雁传书,到北京也会来看他。

发扬风格

20世纪80年代初,栽培研究室的仪器设备、试验条件,是药物所研究室里最差的。没有精密的显微镜、解剖镜和高速离心机,试验室也比较拥挤。开展细致深入的研究课题非常困难。

1980年,"天麻有性繁殖——树叶菌床法"获得国家发明奖二等奖;1984年,"栽培黄连的玉米和造林遮荫技术"又获得国家发明奖三等奖,两项发明奖引起了领导部门的重视。80年代,天麻组申请到国家科委30万元科研经费,财政部先后给了50万元经费,卫生部下达给天麻组 12 万元，以后又陆续申请到国家自然科学基金、卫生部和国家中医药局科学基金，近百万元的科研经费，在当时来讲是非常大的一笔基金。天麻研究组成为全所最富裕的课题组。当时所党委分管药场的于普同志给徐锦堂做工作，栽培室仪器设备很差，又没有课题经费，你应该发扬共产主义风格，支援栽培室的课题研究。徐锦堂说："按领导的话办，让这笔经费发扬共产主义风格！"全室的科研人员跟着徐锦堂去八面槽仪器商店订购了一大批仪器，有的课题组购买仪器花的钱比天麻组还多。当时西北旺药场的经费也很紧张，如天麻楼前面的花坛、宿舍两旁的隔离花砖墙和其他一些费用，都在天麻课题费中报销。

药植所第一座"高楼"

西北旺药场建于 1955 年，原本归药物所栽培室管理，是栽培室的一个试验基地，相当于一个组的建制，药场场长定期向栽培室主任汇报工作。直到 20 世纪 80 年代初，药场还没有一间楼房。随着天麻研究步步深入，大家挤在过道里办公拥挤不堪。当时徐锦堂已分离获得十余种天麻种子共生萌发菌，但由于用保湿海绵培养皿菌叶播种法培养子实体，在四面通风、人来人往的楼道里很快就会污染，无法进行鉴定，徐锦堂就想用课题经费盖一座二层楼房。

为了盖这栋 500 平方米的试验楼，他倾注了很大心血。从报批申请、选址设计、施工验收，都像盖自家的房子一样尽心尽力。最初，他想在锅炉房后选一块地，盖一座单独的二层小楼，但药场领导坚持温室后墙空着太难看，要用天麻楼遮住温室后墙，徐锦堂理解领导的全局理念，但这会迫使天麻楼的底层和上层三间房，既采光受限又不通风透气。500 平方米的面积是国家批准的，不能增加，二层楼的长度必须与温室等长不能变动，为此就得缩小房间的进深。为了加大房间的深度，徐锦堂建议二楼阴面阳台修在楼外，因阳台不算面积，过两年封住阳台就等于加长房间一米多进深。遗憾的是，这些意见都未被采纳。施工开始后，他每天都到工地检查，随时指出施工缺陷，验收时他提出 30 多处不合格的质量问题。乙方代表甚至研究所管基建的同志，都认为他有点"吹毛求疵"，徐锦堂和他们争论起来，最后经改进后他才签字通过。所里都习惯称这座二层楼为"天麻楼"。

现在看起来一座不起眼的二层楼房，当时可是西北旺药场唯一的一座楼房，徐锦堂甚至在睡梦中都梦见它即将矗立的样子。当时栽培室十几个课题组都挤在现在药理室 500 平方米实验室里的时候，一个天麻组就拥有一座 500 平方米的二层实验楼。可想而知，实验条件有了多大的改善！后来有人准备用天麻楼和香港人合资开公司，徐锦堂提出天麻楼不是所里的基建房产，是天麻组花 27 万元科研经费盖的，相当于天麻组一件大型仪器设备。后来一度传说试验室也要交房租，他说："天麻楼是用课题费盖的，不应该收租金。"

盖天麻楼的钢筋等建筑材料，徐锦堂准备了两次。第一次买的钢筋堆在办公室前的树林里，因天麻楼的设计图纸还未绘出来，此时简易家属楼已开工急需用料，这批料被用去盖家属楼了，他只好又花钱第二次备料。一直到 1984 年药植所成立初期，经费很困难，这点经费为建所出了力。

科技承包

药植所成立后，徐锦堂担任药用真菌研究室主任，真菌室是在原栽培研究室天麻研究组基础上组建的，共 11 人。当时研究所刚刚成立，经费困难，仪器设备差，所领导号召大家加大横向联系，多创收。为了协助新建的研究所渡过经济难关，响应卫生部改革的号召，徐锦堂带头进行科研科室全面承包。当时，对真菌室承包的总原则是国家拿大头、集体拿中头、个人拿小头。在完成科研任务的前提下，不要国家科研经费、不要国家工资奖金福利费等，每年创收的经济总额，减去上述费用外，所获得的纯利润50%作为科研发展基金，20%作为所基金，30%作为承包组的奖励基金。实际上70%纯利润都交所里统一安排，真菌室只留30%。如果完不成承包指标，则扣发室主任50%的年综合奖金。

真菌室是全国卫生系统第一家承包的科研单位，影响很大。1985年3月31日，《健康报》发表了"徐锦堂研究组试行全面科研承包"的报道；1985年10月4日，《光明日报》发表了"中国医科院药用真菌组，改革科技体制试行全面承包"的报道，副题为"全组在副研究员徐锦堂的带领下，坚持改革的正确方向，促进科研工作，创造了更多的社会效益和经济效益"，并编发了"科研承包要掌握正确方向"的短评，短评中指出：

中国医学科学院药用真菌组实行全面承包后，想的是如何增加社会效益，为人民造福。请看：

他们把如何尽快地研究出真菌栽培方法，使产区生产出更多的紧缺药材，以满足社会需要放在首位；

他们为了使产区农民富裕起来，在给农民出售菌种时，宁愿减少自己的收入，几次降低售价；

他们对不宜种植天麻的一些地区和单位进行劝说，建议不要花钱签订合同试种天麻，使这些地区和单位避免了浪费；

他们处处考虑到怎样才能对社会有益，而不一味追求利润，他们这种指导思想是符合社会主义方向的。

1985年8月28—31日，"全国医药卫生科技工作会议"由卫生部部长陈敏章亲自主持召开，徐锦堂作为科技改革承包的带头人作了大会发言。

在三年科技承包期间，他们按计划完成了科研任务。1985年12月4日，"天麻种子共生萌发菌的发现及其应用研究"通过鉴定，并获得卫生部科技成果奖甲等奖。真菌室每年节支创收4万～5万元，完成了创收的经济指标，给药植所节省了全室11个人的工资、奖金和科研经费。在组内奖金分配时，为了调动年轻同志的积极性，他们获一等奖金，徐锦堂个人获二等奖金。全组每人年平均奖金300元左右，与全所平均综合奖200元左右相比，高出其他科室不到30%。

三年承包结束，徐锦堂圆满完成了任务，这三年加在他身上的担子实在太重了。他要抓好全室的科研工作、研究生培养，经常考虑十几个人的工资、生活、福利。药植所本来有些科室也有创收条件，有些室主任还多次主动和徐锦堂讨论承包方案，但这样的承包方案对大家没有吸引力，都不愿意贸然承包。这样，药植所十几个研究室，只有真菌室独家承包，没有起到示范作用，仅是每年给所里上交十几万元经费，解决了一点建所初期的经济困难。在那个特殊的年代，徐锦堂是第一个敢吃螃蟹的人，是第一个响应国家号召的人。

天麻研究移师汉中

顶住压力搞天麻研究

1972 年春，天麻组要开会讨论计划。已从"干校"回来的徐锦堂，主动要求参加讨论会。会上，天麻组的同志认为天麻已经栽活了，天麻课题可以下马了。徐锦堂据理力争："天麻野生变家栽虽获成功，但还处于试验阶段，市场紧缺问题并没有解决，怎么能说已经研究成功了？怎么可以下马呢？"

徐锦堂直接去找支部书记张志杰，谈了不能下马的理由。张书记认同徐锦堂的观点，并问他："你认为该怎么搞？"徐锦堂说："我要搞，还是去产区蹲点。北京即使栽活天麻，也是个异地引种问题，解决不了产区生产中的问题。"

当时，天麻已三年供应断档，偌大的北京药材市场，老百姓很难买到天麻，只能作为"首长"的保健药。所里让徐锦堂重新负责天麻的研究，这样他又回到天麻组。不久，徐锦堂在北京召开了六省市天麻生产座谈会，各省代表的积极性都很高。陕西省来了五位同志，宁强县滴水铺公社东风三队生产队长涂和礼对徐锦堂讲，他们那里的蜜环菌很多，有筷子那么粗，野生天麻也不少，人们挖地时常挖到天麻，大家不知何物，就互相掷打着玩。涂队长的一番话让徐锦堂动了心，他决定去这块宝地看看天麻和蜜环菌。

在这次会上，徐锦堂还有一个意外收获，陕西代表拿来了1911年草野俊助发表的"天麻与蜜环菌共生"论文的胶片。从1959年开始，徐锦堂为找到这篇论文，从北京到西安的各地图书馆他都跑遍了，竟一无所获。所有的天麻栽培研究只能靠自己去摸索，每到不顺利的时候常常想起这篇论文。如今竟不期而至，让他感慨万千。

苦中有乐

六省市天麻生产座谈会不久，徐锦堂第一次来到宁强县。适逢由陕西省药材公司主持，在宁强县委招待所召开西北五省区天麻栽培技术座谈会，有甘肃、新疆、陕西等省（区）药材公司系统的近200人参加。陕西省汉中、商洛、安康等地区各县药材公司生产科的技术人员和一些药农也参加了座谈会。这次大会，实际上给徐锦堂搭建了一个宣传和讲解天麻菌材伴栽技术的平台。据宁强县革委会生产组范组长讲，这是"文革"中宁强县各行各业第一次召开讲技术的大会。

"文革"期间，人们习惯的是开批斗会，200多人能坐在一起安静地听一整天的技术课实属罕见，而且秩序还非常好。宁强县秦腔剧团就在隔壁彩排《槐树庄》，竟没一个人去看。干部群众对科学技术的迫切需求和高昂的学习积极性让徐锦堂感动，他感到终于有了用武之地。

刚开始搞天麻时，试验点选在宁强县滴水铺公社东风三队和勉县张家河区。这两个试验点原是省药材公司扶植的，涂和礼和李宗贵是两个点的生产队长，他们都去北京参加了天麻座谈会，与徐锦堂已经相熟。两个点以前学外地"三下窝"的栽培方法，就是把附在树根和腐木上的野生蜜环菌索从树根上扯下来，剪成一寸长的小段，撒在木头旁，然后栽入种麻，即将种麻、木头、菌丝段一块下种，称之为"三下窝"。"三下窝"栽后成活率低，两年才能收获，常常产量不抵栽种的播种量。

两个试验点交通都不方便。东风三队离宁强县城八九十里，只有十余里通车。张家河离县城150多里，也只有30里有公路。有利条件是两地都有野生天麻分布，都进行过天麻的试种。

在东风三队，徐锦堂住在农民李顺元家。李家坐落在一个小山沟里，五间房顺着山沟盖起。天麻试验田就在他家房后的山上。由于坡陡沟窄，有时挖地滚下一块石头，得赶快高声喊："石头下去了！"免得砸伤了人。

宁强农民习惯吃酸菜做的酸饭。农民说："一日不吃酸，走路打颤颤。"所谓酸菜，就是头年将菜叶子，压在一个近一米高的小口大肚坛子里，舀出来有点儿透明的黏液挂在菜上，非常酸。煮玉米粥时，掺点土豆或小白薯，快熟时舀几勺酸菜和菜汤煮在锅里，这就是酸饭。一天只能喝两顿，因为农民一年的口粮只有200斤玉米。盐拌辣子面，有时挖点野菜，就是下饭的最好菜肴。晚上，三个人睡在一张一米多宽的床上，翻身都得动作一致同时翻身。睡姿要"面条"都"面条"，要"虾米"都"虾米"，需要配合默契，否则就有人会滚到地下。

虽然条件异常艰苦，但是大家热情高、干劲足。徐锦堂把利川寒池搞成的人工菌材伴栽天麻的方法，用在了宁强并获得成功。熟悉徐锦堂的人曾说："这是湖北开花，汉中结果。"

"先盖房子后进屋"：天麻无性繁殖

1975年冬天，一年一度的全国药材经理计划会议在南宁召开，它是由商业部组织的全国药材购销计划会议。各省市药材公司经理聚集一堂，他们最关心的是怎样把本省富余的药材卖出去，再把本省稀缺的药材买进来。天麻已经断档三年，经理们年年盼着为本省带些天麻回去，但是年年无功而返。当陕西药材公司经理宣布，陕西省今年调出 1350 公斤干天麻时，全场掌声四起，称赞陕西天麻是风格麻。这一切源自徐锦堂"天麻无性繁殖固定菌床栽培法"在汉中研究成功，并在汉中、安康、商洛等地区 20 多个县的推广。

天麻无性繁殖的关键技术是先要培养好菌材。1965年，徐锦堂在利川寒池是用发光的带菌索树根和带菌竹根，与新鲜树棒一块埋入土中培养菌材的。在东风三队，徐锦堂用带菌树根作菌种培养菌材与"三下窝"用菌索段作菌种培养菌材作对比试验。四个月后，前者培养菌材的接菌率在 87%，且蜜环菌生长旺盛；用"三下窝"方法培养菌材，只有 12% 的木棒上接上了蜜环菌，菌材上蜜环菌分布稀疏。造成这种结果的主要原因是作菌种的菌索连在树根上，有营养来源，成活率就高；"三下窝"将菌索剪成小段，无培养基（树根）附着，自然成活率就低。在此基础上，徐锦堂研究成功培养菌枝的方法。即将手指粗树枝砍成三寸长，用带菌索的树根作菌种，培养出菌枝，菌枝又可作为菌种扩大培养，同时还可用来培养菌材。徐锦堂深入试验用 0.25% 的硝酸铵浸泡树枝 10 分钟，然后再培养菌枝，菌索生长茂密、速度快，又不易污染杂菌。用菌枝培养菌材，大大提高了接菌率，降低了菌材污染杂菌的概率。

1973 年春天，徐锦堂从北京乘火车去宁强，躺在卧铺上辗转反侧，他突然从"先有鸡还是先有蛋？"联想到在野生天麻窝子中，是先有蜜环菌还是先有天麻？冥思苦想后他认为：一定是土壤中先长了旺盛的蜜环菌，然后天麻种子被风吹落到有蜜环菌的窝子里发芽（当时还认为天麻种子发芽是蜜环菌提供的营养），才有了天麻。如果在窝子里先把蜜环菌材培养好，尽量不破坏菌材和土壤的已有格局，然后把麻种放进去，应该能够大大提高接菌率。

回到东风三队，徐锦堂和大家伙一说这个想法，大家都说好，有人管它叫"先盖房子后进屋"，徐锦堂称它为"菌床"。说干就干，大伙立即上山培养了几十个菌床。一个多月后，菌床里的木棒上都感染了蜜环菌，菌索生长茂盛。徐锦堂挖开土壤取出上层菌棒，下层菌棒不动，只挖个小洞栽入麻种。再过一个多月去观察，麻种都接在菌棒上，效果明显。只要麻种能接上菌，成功的希望就有 80%。徐锦堂立即召集汉中地区 11 个县试验推广网的技术员开会，推广菌床栽培法，每个人都落实了生产试验任务。当年冬天，11个县都照"菌床"法栽种了天麻，转年秋天各县收获喜人，汉中都轰动了。

当时，徐锦堂给各县布置任务时是一个口径，但每人回去播种难免有些变样。盖土有深的有浅的，有选沙土的有选黏土的，有种两层的，有种三层、四层的。冬天收获时，徐锦堂去各县检查收获情况，见到的情况是五花八门。这也给了徐锦堂优胜劣汰的筛选机会，而且参照样本广泛，很快就总结出几套适合当地农民在不同条件下的栽培方法，都具有简单易学、成本低、产量高的特点，几套方法在汉中地区大面积推广后，天麻成为汉中不少县的"拳头产品"。徐锦堂蹲点的东风三队天麻空窝率下降到1.1%，平均窝产由0.15～0.2公斤提高到1.5公斤，生长周期由两年缩短为一年。

为了当地农民在不同条件下，天麻都能获得高产，不再走弯路。徐锦堂根据调查总结出的经验，制定出了多套有效方法，并在实践中证实行之有效：①菌材伴栽法；②菌材加新材栽培方法；③老棒套新棒栽培法；④菌床栽培法；⑤隔窝栽培法。

为了让山里的农民学会无性繁殖新技术，能够早一天过上好日子，徐锦堂总结出了细致可操作的种植技术，生怕农民走弯路。

1974年刚过春节，徐锦堂的母亲、妻子、孩子同时生病。妻子生病在家中吃劳保，偏偏老岳母也来北京做白内障切除手术。眼看着天麻春栽时节已到，顾哪头呢？他母亲说："国家的事是大事，个人困难想办法克服，把你姐姐叫来接我到太原。"母亲的主张，徐锦堂执行了一半：他把母亲送到太原姐姐家，没有让姐姐来接。妻子带病照看岳母和孩子，徐锦堂从太原直接奔汉中。

母亲回太原后再也没有回来，这成了徐锦堂一生的痛。

天麻种植技术应用与推广

天麻无性繁殖固定菌床栽培法试验成功后，汉中地区乃至陕西省掀起了栽培天麻的热潮，普及规范的天麻栽培技术已势在必行。

汉中地区药材公司以张继民为首的生产科，有20多人的队伍常驻各县指导，临时组建天麻技术推广宣传队，用连环画展、广播宣传、办班培训等方式，推广普及天麻无性繁殖栽培技术。作为技术顾问，徐锦堂到过汉中地区的十个县，商洛地区的七个县。当年壮观的场景、热烈的氛围已后无来者。

徐锦堂在山阳县办培训班时，由县委书记亲自主持，百货商店关门、学校停课、机关停止办公，全都集中到大礼堂听课。他在安康地区讲课时，地区副专员吴耀纯停止参加三干会，亲自陪徐锦堂去镇平、平利、岚皋等县举办培训班。宝鸡、蓝田、凤县及甘肃的徽县、两当县，徐锦堂都举办过天麻技术培训班。

天水地委书记童树保，带着地区各局局长到徽县听徐锦堂讲课。那天，天降大雪，书记局长们冒着生命危险，翻过一座大雪山前来听课。他们这种一心要脱贫致富、虚心学习和敬业的精神，也深深地感动着徐锦堂，他不分昼夜地奔忙。药材公司的同志给徐锦堂统计过，他在陕西30余个县举办过200余期培训班，有两万多人（次）参加了学习。

1975年前后，徐锦堂还深入山区的村村寨寨，在田间地头，手把手地教农民栽天麻。比如：勉县的张家河、长沟河，南郑县的元坝、碑坝，城固县的橘园、二里、天明，留坝县的马道，镇巴县的巴山林，宁强县的巴山、圣家岩、铁锁关、广平。这些地方有的需要坐火车，有的需要乘汽车，有的地方不通车，需要步行百余里。

那一年，徐锦堂和宁强县药材公司的丁养文经理，去巴山举办天麻技术培训班，还爬上了巴山区最高的圣家岩生产大队检查天麻的生长情况。山顶平坝很大，地势平坦开阔。山高无霜期短，雨多的年份，秋季苞谷来不及成熟就霜降了，但天麻的质量却很好。工作结束后，他和丁经理步行150里，一天就从圣家岩赶回药材公司。公司的同志们惊叹徐锦堂的好体力。

一次在洋县讲完课，徐锦堂乘地区药材公司的130卡车，赶往勉县一个公社的学习班。130卡车司机座和前排座是通座，徐锦堂实在太累了，不知不觉睡着了。醒来时只见李胜利师傅左手把着方向盘开车，右膀子架着他睡觉。徐锦堂醒来埋怨李师傅为什么不叫醒他，李师傅说："徐老师，您太累了，我不忍心叫醒您。"此刻，徐锦堂感动得一时语塞、热泪盈眶。

宁强县广平区在陕西省西南边，与四川广元市接壤。广平区安乐河公社红星药场和姚家山药场，天麻栽培多年，面积大、连年高产，突然出现产量降低的情况。徐锦堂怀疑可能是种麻退化引起的，所以一定要去看看，取得第一手材料。有几位老同志劝他："徐老师，最好不要去，那是个麻风病区，四清时有些干部都不愿去。"

为了彻底解决问题，徐锦堂和地区药材公司的王吉荣同志，乘车到四川广元，渡过白水江，再步行50余里去安乐河公社。走50里路对徐锦堂来说本不算什么难事，但7月骄阳似火，在无遮无挡的路上，把人烤得要冒烟。两人只好把衣服在水中浸透后披在身上，走几里路烤干了，再如法炮制，当晚到了安乐河公社。书记和主任都不在，只有一位秘书，将他俩安排在久未住人的空房中，躺在床上马上就爬了一身蚊子，完全无法入睡。他和小王搬条长凳睡在院中，半夜下起小雨，两人只好在房檐下坐到天明。

次日赶到红星药场，老场长热情接待了他们。当晚，徐锦堂和小王就睡在老场长江文清的床上，铺的是一床毛毡子。住了两天，完成实地考察后，他们又赶往姚家山药场。那里的工人说，红星药场场长是个大麻风，住麻风病院几年，病好后才回来。事已至此，说什么都是多余的，麻风病潜伏期十几年，听天由命吧！后来王吉荣定居美国，20世纪90年代他回国来看徐锦堂，谈起在麻风病人床上睡觉的往事，徐锦堂笑道："早过潜伏期了，该放心了吧。"

红星药场和姚家山药场的观察资料，为徐锦堂后来提出天麻多代无性繁殖会出现严重退化，提供了有力的论据。

1985 年 8 月 11 日《光明日报》头版头条发表了"二十六年行程二十万公里，用科学技术帮助群众致富，徐锦堂深入山区研究推广种植天麻黄连技术——协助产区举办培训班，召开现场会近二百次，培训农民技术员两万多人次。黄连和天麻产区的不少农民成了富裕户……"的长篇报道，并配发题为"用自己的知识为人民造福"的短评。1985 年 3 月 13 日《人民日报》发表了"种天麻踏出通天路，栽黄连吃得黄连苦，徐锦堂面向生产搞科研功绩卓著——被陕、鄂山区人民誉为'用心血浇灌神药的人……'"并写了编后短评：

实实在在地冒尖

叶 伴

建设四化，实行改革，需要各种各样的人才。党和国家正在采取措施，鼓励各行各业的冒尖人才脱颖而出。现在有一个造英雄的"时势"，人们可以充分施展才智。

人才的冒尖，是相对意义上讲的，在某一个方面出众，就可以叫做冒尖。因此，有各种各样的"尖"，也有各种各样的"冒"法。今天本报介绍的中国医学科学院副研究员徐锦堂，在天麻和黄连栽培技术研究方面的成就，以及他二十多年如一日为祖国富强、人民富裕所作的贡献，都是出类拔萃的。徐锦堂冒的是科技成果之尖、为人民服务之尖，方法是脚踏实地、刻苦钻研、辛勤劳动。这样的冒尖人才，有谁不服气呢？

现在，不少单位冒尖难，冒尖人才常常招致非议。绝大多数是因为那里风气不正，有人妒贤嫉能。也确有少数冒尖者自己站不住，往往是小聪明却不肯付出艰辛劳动，或者投机取巧，或者浮夸虚誉，缺少实实在在的成就，很难叫人佩服。至于有的人在捞钱谋私方面一马当先，则是为人唾弃的一种意义上的"冒尖"了。所以，要想冒尖，应该学徐锦堂！

山沟沟里建起研究所

1975 年，在宁强县召开了汉中地区天麻生产现场会，省药材公司副经理仲维先参加大会和现场会。现场会上看到当场挖出来的一堆堆天麻，喜人的经济效益令人怦然心动。经理李怀录乘机提出："徐老师在我们地区工作三四年了，试验都是在生产队里进行，没有固定的人员和试验场地，交通又很不方便，应成立研究基地，由专人负责，让徐老师有个安稳的落脚点，无论对开展科研还是天麻增产都有好处。"

仲维先表示支持，并表态出五万元作为开办的经费，地区药材公司也表示可拿五万元，县长张国栋表示只要把基地放在宁强县，他们出人出地并派一名干部负责。但叫什么名字大家的看法不同。有人提议叫天麻研究所，徐锦堂觉得名字太大，技术人员、仪器设备、实验室都不齐备，怎么能叫研究所呢？张县长认为"所"有大有小，比如诊疗所、税务所、工商所，不都是"所"吗？最后定名为"宁强县天麻研究所"（以下简称天麻研究所）。

经过多日勘察，所址选在离宁强县城25里的滴水铺公社干沟生产队。此地在公路边，交通方便，树林植被较好，后山有好几座山梁都是茂密的青冈树林。经过与生产队协商，以每亩20元的低价买下山场。天麻研究所的房屋是徐锦堂根据药物所西北旺药场实验室的样子设计的。县里从公社书记中选拔李恩芳担任所长，药材公司又派两名干部组建了领导班子，徐锦堂是天麻研究所的技术总顾问。他们从修水库下来的民工中选拔文化程度较高的，以及一些复员退伍军人共20多人作为天麻研究所工人，组建了天麻研究所。干部和工人的工资由药材公司发，口粮由国家指标供应。不安排具体的生产任务，也没有上缴利润指标，完全是为天麻科研任务服务。

徐锦堂把人才的培养作为天麻所的头等大事。每年冬季回北京，他都带几名年轻人到药研所进修。有的学植保，有的学栽培，还保送两名工人去甘肃天水农业学校进修。他从工人中选拔三名高中生做他的助手，协助他观察记录，其中鲁继周是最得力的助手。有了像鲁继周这样的一批年轻人，天麻研究所蒸蒸日上，不仅闻名全国，还实实在在获得了一项国家发明奖和多项省部级奖，全国各地参观者络绎不绝，国家科委开的一些技术会议也发文邀请天麻研究所参加。

天麻研究所位于川陕公路边，常有路过的省、市、县领导视察，徐锦堂常带他们参观天麻栽培试验地。不知是老天爷照顾还是他的运气好，给领导们挖的尽是高产窝，没有出现过空窝。领导们对天麻研究所的工作十分满意。

汉中地委书记和宁强县领导参观后多次跟所长讲，必须给徐锦堂单独做饭。说人家是北方人，不习惯吃米饭，更不习惯酸饭，常批评所长不会照顾专家。其实所长李恩芳对徐锦堂非常好。徐锦堂每年到宁强或回北京，都是他派人到几十里外的阳平关车站接送。根据领导的指示，大家吃酸饭，却给徐锦堂煮鸡蛋挂面。徐锦堂说："我一住就是几个月，怎能这样特殊呢？我在湖北蹲点顿顿都是野菜，也没有单独起伙，天麻研究所的生活够好了，我完全可以适应，把面条端回去让大家当菜吃吧！"经过几次折腾，大伙明白徐锦堂不能接受"特殊待遇"，才不再给他单独做饭了。

每当领导来天麻研究所，徐锦堂都要把所里存在的困难给领导汇报，尤其是20多人的户口问题不解决，每次买粮食都得特批，大家工作也不安心。当时一个县的农转非指标很少，每年才有几个。后来，经过县领导的努力，天麻所的20多名职工，终于都转成吃商品粮的城市户口。机遇难得，大家也非常珍惜，人人努力工作，大伙亲如一家，年轻人更是把徐锦堂当作导师和家长。

1979年9月16日，根据工作需要，李恩芳调回县药材公司任书记，王铭调到天麻研究所任所长。王铭是20世纪60年代末，宁强县药材公司从浙江省天台县请来的种白术的技术员，白术不太适宜在宁强县种植。1972年徐锦堂在东风三队做天麻试验时，他主动要求和徐锦堂一起蹲点。王铭的妹妹（小名小妹）也随王铭来到天麻研究所工作。

有一年，徐锦堂写信让宁强县派两名同志来北京学习，天麻研究所安排了王铭的妹妹。当徐锦堂接到她时，小妹一见徐锦堂便泪流满面。问其因由得知，她渴望到北京学习，但哥哥让她和一个青年订婚后再走。这个青年的父亲是宁强县的老干部，徐锦堂理解王铭的想法，妹妹还是农业户口，如能和这位老干部的儿子结婚，将来转城市户口和安排工作都能有照应。但是小妹心里只有小鲁。徐锦堂说："小鲁是不错，但还是个农民工，家在农村，如果将来户口转不成，回到农村你能跟着去吗？"小妹表示要跟小鲁过一辈子，小鲁的态度也很坚决。徐锦堂只好以"强扭的瓜不甜"来规劝王铭。

第二年，徐锦堂去湖北路过宁强，小妹和小鲁找到他说："徐老师请您晚走一天，明天您给我们主持结婚典礼。"王铭知道后说："徐老师路过天麻研究所，只住一天，这怎么来得及？"经过商量，他俩当天就去领了结婚证，小妹的嫂子上街买了点结婚用品和衣服。第二天，徐锦堂以主婚人的身份主持了婚礼，简朴的婚礼却令人终生难忘。婚后，两人琴瑟和谐，生活美满。后来，两人都转成了城市户口，小鲁评上了农艺师，小妹当了县食用菌中心主任。

"贫下中农"撑腰搞研究

1975年春，正当天麻研究和技术推广搞得热火朝天时，药研所药场党支部张书记找徐锦堂谈话说：所党委有人提议天麻研究适可而止，应该收兵下马，抽出力量去搞百草园。徐锦堂详细汇报了陕西的情况，认为生产中还有许多问题未解决，如杂菌污染、种麻退化等，张书记认可他的想法，但表示很难改变，因为革委会生产组已经作了决定。

当年，为解决农村缺医少药，全国村村都有了赤脚医生。有医没药不行，于是各地建百草园，栽种中草药。药研所革委会生产组揽到了在山西昔阳县大寨大队建百草园"最最光荣的任务"，必然要其他工作都给其让路。

一天，徐锦堂在所里遇到生产组长，他对徐锦堂说："栽培室要下基层帮助发展中草药，天麻研究适可而止，撤点搞百草园。"徐锦堂把不能撤点的理由说了一遍。生产组长表示生产组已经决定了，你去搞百草园。

徐锦堂表示想不通："如果把我撤下来搞百草园，还不如派个药场工人去作用更大，我还不如他们认得中草药多哩！"

当时"文革"势头未减，谁敢反对去大寨建百草园必将引火烧身。徐锦堂只得给陕西写信说明情况，求得他们的帮助。陕西省药材公司接信后立即行动起来，省市县三级药材公司的领导一同赶赴北京。由省公司副主任仲维先带队向药研所领导介绍工作，并代表陕西和汉中几十万贫下中农，要求药研所增加力量，进一步解决天麻生产中存在的问题。那会知识分子说话不管用，但"贫下中农"说话管用，谁敢回绝几十万贫下中农的要求呢？药研所革委会研究后，决定支持陕西省贫下中农的工作，让徐锦堂继续去汉中蹲点。

探寻天麻生长的秘密

种麻退化之谜

1975年，徐锦堂发现在最早种植天麻的宁强县滴水铺公社东风三队天麻产量大幅度下降，他敏锐地察觉到这是多代无性繁殖天麻种性退化引发的。他觉得天麻已成为陕南及其他天麻产区的主要经济作物，一旦大面积退化，减产甚至绝收就会发生，到那时老百姓就会蒙受巨大损失。

在天麻还未出现大面积退化之前，拿出防止退化的办法已是迫在眉睫的研究课题。徐锦堂开展了大范围的调查研究，发现天麻多代无性繁殖退化现象呈如下趋势。

（1）产量大幅度下降。陕西省宁强县滴水铺公社东风三队，1970年就开始采用三下窝栽培天麻。1972年春，采用菌材伴栽法。1973年冬，生长两年后穴产量达到1.55公斤。1975年，野生变家栽第六代种麻开始出现退化产量下降。这一年培养的菌床质量很好，预计来年是个丰产年，但冬季采挖1361窝，平均窝产量仅0.995公斤。

与其相邻的东风四队及大队合作医疗站，1976年都获得较高产量。从东风三队天麻历年产量来看，呈现低、高、低的变化，尤其是每棒平均产量的变化更明显。徐锦堂又调查了宁强县栽培天麻较早的几个药场，结果与东风三队类似。种麻出现退化的第一个标志就是产量大幅度下降。

（2）箭麻单株重量降低。除穴产量大幅度下降外，箭麻单株重量也有下降趋势。如最早栽培天麻的东风三队与相邻的东风四队、大队合作医疗站比较，箭麻单株重量降低 20% 左右。

（3）被蜜环菌侵染的箭麻数增加。新生箭麻在正常情况下，很少被蜜环菌侵染。徐锦堂注意到，随着天麻野生变家栽的代数增加，箭麻表面被蜜环菌菌索侵染的数量越来越多。虽然在麻体表面缠绕蜜环菌索不等于蜜环菌已侵入新生麻体内，但仍是生活力衰退的一种表现。

（4）白麻单株重量增加。1974 年，徐锦堂在东风三队发现个体大的白麻数量较多，选出大白麻栽种，本来想培养高产穴，但第二年收获的结果却与愿望相反，种大白麻的产量反而低于中、小白麻。1976 年，为提高天麻窝产量，徐锦堂选择了重 30 克以上的 100 个大白麻作种麻，希望来年能高产。第二年收获时，产量反不及 10 克左右的小白麻。后来徐锦堂又调查了其他天麻产区发现，一旦出现大白麻数量增加的年份，第二年就有出现种麻退化、产量下降的可能。徐锦堂认为白麻的顶端生长锥一般可萌生出箭麻，但由于种麻退化，长势衰弱及蜜环菌退化营养亏缺，故未能发育成箭麻，而只长成大白麻，在这些大白麻中常可观察到顶端具有瘦小的未分化完全的花茎芽，成为介于箭麻与白麻之间的中间类型。

（5）块茎体形细长。种性退化了的天麻，体形由短粗变细长，这种现象比较普遍，不仅白麻米麻体形发生变化，箭麻也呈长条状。

（6）种麻退化的其他表现。正常的白麻色泽淡黄色、鲜嫩，小指大小，横断面雪白。退化了的种麻色泽加深，呈姜黄色或浅褐色，被病害侵染的概率大幅度增加。

（7）天麻减产因素的探讨。从汉中地区各县天麻产量的变化看，一般野生变家栽六七代后，产量会出现大幅度下降。平原温度高的地区，产量下降更快。

为什么野生天麻没有退化现象呢？徐锦堂认为：天麻在野生条件下种子成熟后，如飞落在不适应其生长的高山区或低山区，种子不能发芽生长，即使有发芽的也终因长势赢弱而被自然淘汰。在适宜天麻生长的地区，天麻是种子萌发后产生的后代进行无性繁殖的混合体，它们的生存与成长，还要经历大自然优胜劣汰的无情抉择。人工栽培的天麻，没有优胜劣汰的过程，所以多代无性繁殖就会出现退化。人工栽培只有掌握天麻有性繁殖技术，才是防止种麻退化、持续稳产高产的唯一选择。

徐锦堂试图用蜜环菌菌床直播法开展有性繁殖试验，失败的多，成功的少。有的试验点仅收到几粒米麻，大部分都是空穴。

真理往往在少数人手里

1977年6月，商业部在陕西省汉中召开了全国天麻生产现场会，各省市有关的生产单位、大专院校、科研单位、药材公司都派人参加了会议，搞天麻栽培研究的20多位专家也都到会。

汉中地区药材公司为开好这次会议全力以赴，投入大量的人力物力。为保障参观点通车，专门修了张家河区黑河水泥大桥和宁强县通往东风三队的简易公路。30多辆吉普车和面包车组成的参观长龙，十分壮观，是"文革"后召开的第一次天麻生产的全国大型会议。

面对天麻无性繁殖种麻退化的严重问题，徐锦堂提议请主办方组织与会专家，专门召开学术研讨会，研究解决天麻有性繁殖的技术难题，使种麻得到复壮，实现天麻稳产高产。会是召开了，不料专家们的观点与徐锦堂的观点相左：无性繁殖种麻怎么会退化呢？全场竟没有一人赞同徐锦堂的观点，就连专门搞天麻有性繁殖研究的专家也是如此。

即使成为"孤家寡人"，徐锦堂对天麻多代无性繁殖种麻必然出现退化的观点，没有丝毫的改变，反而愈加感到担心：连专家都没有预见到种麻退化会带来大面积减产，更遑论采取有效措施！这怎么能扭转可怕的局面？怎么能不让老百姓遭受损失？那天，他忧心忡忡地离开会场。

"天麻无性繁殖固定菌床法"成功之后，生产效益好，许多地方政府把它当作"拳头"产品，群众栽天麻的积极性一浪高过一浪，曾出现一个冬天有上万人上山采挖天麻种麻的盛况。在身背干粮、夜宿岩洞的"群众运动"面前，徐锦堂不仅不支持，反而大讲要退化要减产，不啻是"给群众运动泼冷水"。一位县领导公开在大会上说："全国天麻生产现场会上，专家们都认为天麻无性繁殖不退化，我们自己的专家也认为不退化，只有北京来的专家说会退化！"

有人悄悄地劝他："小心被人抓辫子、戴帽子啊！"他却说："如果发生大面积减产，我怎么对得起产区的人民啊！"

不久，好心人的劝说成了残酷的现实：一直支持徐锦堂的张县长，因为徐锦堂不同意他的计划，在宁强县药材公司天麻专干会上，当着徐锦堂的面，不指名的批评徐锦堂和天麻研究所两个多小时……药材公司经理丁养文有点坐不住了，趁徐锦堂上厕所追出来说："徐老师，您不要生气，张县长就是这么一个脾气。"徐锦堂答道："没关系，让他讲吧，我能撑得住。"

其实，此刻心里最苦的应该是徐锦堂：天麻无性繁殖栽培技术是他多年心血结晶，成就斐然，赞扬声一片。现在却要亲自去否定它，公开它的致命弱点。如同自己生养的孩子，自己去宣布他得了绝症，情何以堪！

后来徐锦堂说："那几年我闷着头在天麻研究所做试验，很少去地区和各县试验网点跑。怕领导批评，将抽薹开花的箭麻栽在山沟里，或在不易被人看到的地方。"

天麻有性繁殖：一招定乾坤

徐锦堂对天麻有性繁殖技术的研究，其实早在1965年、1966年做人工菌材培养期间就做过探索，因"文革"而中断。1972 年，为了用蜜环菌提供营养促使天麻种子发芽，他在宁强县天麻产区与北京的西北旺药场，连续五年设计了各种各样促进天麻种子与蜜环菌密切接触继而发芽的试验，但均告失败，使他对天麻种子萌发的营养来自蜜环菌的传统理论产生了怀疑，迫使他另辟蹊径。他的思路是：在天麻长期自然选择进化过程中，能逐渐扩大繁殖生长区域，保持优良种性，一定经历了种子飞撒落地继而生长繁殖的有性繁殖过程。那么种子飞落在什么介质上才能发芽呢？徐锦堂在宁强县展开了种子播种床填充物的比较试验，选择稻谷壳、玉米秆、橡子树叶、稻草为蜜环菌床填充物，以菌床直播为对照组，连续不断进行试验。

1976 年 7 月 26 日播种时，每处理重复三次。生长期间他观察到只有垫树叶的菌床种子萌发并长出小米麻。到 1977 年 11 月 4 日，即生长 15 个半月后，他发现只有树叶菌床处理的三穴中，有两穴收获白麻、米麻共计 746 克，平均每穴 373 克，另一穴因长期观察影响发芽原球茎和蜜环菌营养关系的建立，故成空穴。其他处理都是空穴。

希望出现了——莫非天麻种子萌发源自树叶？

徐锦堂抓住这一可喜的苗头，1977 年底重新设计试验。这次是用树叶、腐叶、日本金星蕨根为填充物，菌床直播为对照组，种子分作新鲜与感染霉菌两种处理的复因子试验。用日本金星蕨，是因为云南植物所周铉同志来宁强天麻研究所介绍他用日本金星蕨播种的效果。用发霉的果子，是有一年在东风三队收老乡发霉的果子播种，效果较好。收获时结果表明：不管种子作何处理，只要播种在树叶菌床上的种子都可发芽并收获到天麻。垫日本金星蕨根的处理未见效果，而且费工费时，菌床直播三穴，只有一穴收到天麻。

为了将树叶菌床中种子能在树叶上发芽的结果尽快应用于生产中，1977 年徐锦堂决定扩大生产试验，播种树叶菌床 89 穴，菌床直播 20 穴作对照。1978 年收获时节到了，树叶菌床无空穴，平均穴产 1.37 千克。菌床直播空穴五个，穴产量 0.015 千克。

1978 年，徐锦堂根据两年的试验结果，设计出适合农民应用的播种方法：天麻种子成熟后，在预先培养好的蜜环菌床中，铺一薄层由林间地面收集到的潮湿树叶，将天麻种子播在树叶上，放入蜜环菌材后覆土盖上，半年后即可收获可观的米麻和白麻，甚至一穴达到5 ～ 6 斤，一举解决种麻短缺难题，播后次年即可收到大量的箭麻。

这一方法具有发芽率高、生长期短、商品天麻比重大、产量高、成本低，对扩大天麻种子来源，防止种麻退化，保证天麻稳产高产具有决定性作用。一举让汉中地区成为全国天麻主产区，同时彻底扭转全国天麻供应紧缺的局面。

天麻有性繁殖树叶菌床法全面推广后，彻底解决了种麻短缺、种麻退化减产的大问题，许多农民仅靠卖种麻就成了"万元户"，靠卖成品箭麻脱贫致富的山里人就更多了。宁强县的张县长也由有性繁殖的反对派，变为坚定的支持者。

两年后，张县长调地区外贸局任局长，上任前他专程到天麻研究所话别，各区和县里有关部门领导与天麻研究所全体人员都到了。大家纷纷讲张县长在宁强县抓天麻生产的贡献。张县长却说："你们都给我评功摆好，都说我在天麻发展上作出贡献，但你们没有说我的问题。天麻无性繁殖多代要退化，要搞有性繁殖，是谁先发现的，是谁先提出来的，是人家徐老师。我是什么态度，不支持还反对。如果我开始就支持有性繁殖，现在咱们宁强县的天麻不是几十万斤，早就突破一百万斤了，我应该给徐老师道歉。"一席话，让徐锦堂感动得热泪盈眶。一位县长在这样的场合，当着那么多下级干部，能说这样的话，实属不易！

1993年，徐锦堂应邀去汉中天麻技术培训班讲课，汉中市药材公司将过去支持天麻科研工作的老领导请来座谈。当年的财办主任杜立田（后为汉中副专员）正好坐在徐锦堂旁边，他悄悄地对徐锦堂说："徐老师，你胜利了！"言毕，二人双手紧握，感慨万千。

2002年，在陕西略阳县召开了国际天麻学术研讨会。会上，经徐锦堂提议，授予张国栋和李怀录同志"突出贡献奖"金牌奖。

1979年，"天麻有性繁殖——树叶菌床法"通过专家鉴定，1980年获得国家发明奖二等奖。"天麻有性繁殖——树叶菌床法"获奖后，在国内中药界影响很大。它不仅使天麻研究走出了百年误区，其实用价值也达到了前所未有的高度。

1984年，由中华医学会、中华全国中医学会、中国中西医结合研究会、中国药学会与《健康报》，共同推荐"天麻有性繁殖——树叶菌床法"为"建国35年来20项重大医药科研成果"之一。

1984年国庆节前夕，徐锦堂接到"庆祝中华人民共和国成立三十五周年筹备委员会"的请柬，邀请他作为嘉宾在国庆节天安门观礼台上观礼、参加天安门群众联欢和焰火晚会。国庆节当天一早，他换了一身"礼服"，将老母亲的照片放在怀里，按请柬号码登上观礼台。那天，小平同志站在敞篷车上检阅部队，盛大的阅兵仪式与群众游行的巨龙，徐锦堂在观礼台上尽收眼底，久久难忘。

另辟蹊径出误区

自草野俊助发表"天麻与蜜环菌共生"一文后，研究界普遍认为天麻在整个生长周期中都离不开蜜环菌。此观点甚至被一些学者奉为圭臬。从 20 世纪 60 年代中期到 70 年代的十余年间，不知道有多少人在蜜环菌促使天麻种子发芽的试验中徘徊。幸运的是，徐锦堂决定另辟蹊径。

1978 年 6 月 13 日，徐锦堂在北京室内无菌条件下，将天麻种子播种于 Kundson Solution C. 培养基上，分别按四个方法处理：①先接后播：培养基上蜜环菌生长后播种；②接播同时：播种同时接蜜环菌；③发芽后接：播种后个别种子发芽后接蜜环菌；④作为对照组，不接只播：直接播种不接蜜环菌。在室温下培养至 10 月 23 日，移入 25℃恒温条件下，每月定期取样观察其发芽动态。

8月8日观察，不接菌的已有个别种子发芽，8月10日处理③接入蜜环菌。播后七个月观察，处理④未接菌发芽率63.27%，而处理①蜜环菌生长后播种的发芽率仅有1.49%，处理②发芽率2.15%，处理③发芽率6.11%。播后11个月，于1979年5月4日观察，各处理胚分化及发芽率均有显著差异。统计结果：接菌越早发芽率越低，而不接菌的对照发芽率及胚分化率达97.2%，其他处理都比对照低。可以看出蜜环菌对天麻种子萌发有明显的抑制作用。

同样试验，徐锦堂还在田间进行。

1978年6月18日，徐锦堂在陕西省宁强县天麻产区，选择无野生天麻及蜜环菌分布并从未栽种过天麻的山区，进行天麻种子无蜜环菌播种试验。试验分两个处理，每处理播10穴：①播种穴中不接蜜环菌，铺林间落叶后播种天麻种子，加新鲜木棒后覆土；②作为对照组，接蜜环菌的树叶菌床法播种。

7月19日，即播种后第32天，两处理各检查6穴，全部发芽。选处理①的3穴加入蜜环菌材。结果表明，不管有无蜜环菌存在，只要将种子播种在林间落叶上即可发芽，但发芽后的原球茎，如果不接蜜环菌材，营养已不能满足需要，虽发芽却因营养缺乏而死亡；发芽后接入蜜环菌的穴，虽接菌晚而产量较低，但可收获一定数量的白麻、米麻。处理①未接蜜环菌的穴，收获时已达一年半时间，但穴中未发现有蜜环菌生长，说明无蜜环菌天麻种子能够发芽的结论是可靠的。

1979 年，徐锦堂又在产区及北京选择不同山向、土壤、田间、室内，采用穴播、砖池播及箱播，共 28 穴无蜜环菌落叶伴播，七八月份发芽期检查，其中 21 穴发芽，发芽率 0.71% ～ 7.5%，进一步证明在无蜜环菌的落叶上，天麻种子可以发芽。试验结果大大出乎所有人的意料，尤其与公认的天麻种子发芽的营养来源是蜜环菌的观点大相径庭。徐锦堂隐约感到：要么是自己设计的试验有误，要么是天麻一生都离不开蜜环菌的观点有误。如果是后者，则预示着天麻研究将走出了误区。

为了进一步证实上述结果，1979 年，在 Vacin and Wend 培养基上，徐锦堂又布置了新的试验，仍然分四个处理：①先接菌后播种；②在培养基上有 50% 的种子突破外皮成原球茎时接入蜜环菌；③在培养基上有 50% 的原球茎开始长出营繁茎时接入蜜环菌；④不接菌，作对照组。每处理 10 瓶，播后置于 25℃恒温箱中培养，9 个月后观察结果。

试验结果再次证明：蜜环菌在培养基上长好后再播

入天麻种子，播后 9 个月发芽率仅 1.33%。不接蜜环菌直播的处理④，同期发芽率达 63.4%，为处理①的 47.7 倍。种子发芽后再接蜜环菌的处理②和处理③，发芽率虽低于对照，但都在 50% 以上。充分证明了徐锦堂的判断是正确的：蜜环菌不但不能促使天麻种子发芽，反而抑制天麻种子的发芽。

两年的试验得出了结论——天麻并非一生都离不开蜜环菌，在种子发芽阶段蜜环菌反而抑制天麻种子的发芽。这个结论引领科学界走出了百年的天麻研究误区。不仅如此，徐锦堂还有重要发现：蜜环菌对营养繁殖茎的成长有明显的促进作用，蜜环菌应当是天麻无性繁殖阶段的营养来源。

1980 年，徐锦堂分别在《药学学报》及《中草药》上发表了"天麻有性繁殖方法的研究""天麻种子发芽的营养来源及其与蜜环菌的关系"，第一次对蜜环菌能供给天麻种子萌发营养的观点提出异议和自己的新观点。

那么，促使天麻种子萌发的营养到底是什么东西呢？它的厘清将具有拨云见日的科学价值。

天麻种子萌发菌的分离

1978 年，在树叶菌床上播种的天麻种子发芽期间，徐锦堂曾在解剖镜下多次观察到发芽的原球茎尾部，有纤细的白色菌丝与树叶相连。当年 7 月 16 日，还观察到在叶片上有八粒种子萌发的原球茎外蒙了一层白色菌丝，忽隐忽现，剥去菌丝便可看到完整的原球茎。以后又多次观察到类似的情况。

徐锦堂还注意到一个现象：只有林中落于地面并与土壤接触保持湿润的树叶，或者半腐的树叶，伴播天麻种子才有发芽效果。从不同山坡采集的树叶伴播，种子发芽率有很大差异。

徐锦堂采集原球茎作切片观察，在原球柄的细胞中都有菌丝存在。

为了排除蜜环菌的干扰，徐锦堂又从无蜜环菌的播种床中取原球茎切片观察，也都有菌丝存在。播种于蜜环菌床中半年、被蜜环菌包裹的种子，未发现有发芽的原球茎。切片观察，种子虽被蜜环菌包裹，但种胚内未见有菌丝侵入，胚分生细胞也无分裂的迹象。

到底是什么树叶能让天麻种子发芽、供给它的营养呢？

1978 年的冬天，徐锦堂设计了这样的试验，分三个处理进行：①用林中壳斗科树种落在地面的保湿树叶，伴播天麻种子，作为对照组；②采集同种树上还未脱落的枯黄树叶，取发芽率较高的树叶林间的腐殖质土，在室内作砖池层积保湿培养四个月的树叶伴播天麻种子；③处理②的树叶不与土壤接触，保湿伴播天麻种子。1979年4月6日在室内砖池播种，不加蜜环菌材，用灭过菌的树叶覆盖，每10天取样观察统计发芽率。连续观察4个月，其中处理③未见一粒种子发芽，而其他两个处理都有不同程度的发芽效果。

试验证明：不与土壤接触的树叶，伴播天麻种子不能发芽；将这些树叶与腐殖质土保湿层积培养后伴播天麻种子，虽发芽率较低，但有发芽效果；从林间地面收集的湿润树叶，未经任何处理，天麻种子发芽率都较其他处理高。后将林中收集的壳斗科树种的落叶，经高压灭菌后伴播天麻种子，半年后无一粒种子萌发。看来树叶不能供给天麻种子萌发的营养。

这给徐锦堂很大启示：天麻种子发芽是否与土壤中侵染到树叶上的某些真菌有关？显微镜下多次观察到的纤细白色菌丝，是否是提供天麻种子萌发的外源营养源？他决定进行分离筛选试验，进一步证实自己的推测。

当时宁强县天麻研究所还没有通电，无法搞菌种分离。为了给徐锦堂提供菌种分离室，县药材公司丁养文经理安排生产组长回家住,腾出半间宿舍。先是搞大扫除,接着进行消毒,然后搬来一个木制的土法制作的接种柜,装上紫外线灭菌灯,拉上了电源。只用半天工夫,就在药材公司宿舍里整出一小间菌种分离室。于是,徐锦堂每天从25里外的天麻研究所采样,然后骑车进城,进行菌种分离。就是在这半间简陋的实验室里,他分离出了国内外闻名的真菌,徐锦堂将其命名为"天麻种子共生萌发菌"。虽然它不是植物分类学上规范的名称,但全国沿用至今。

当时徐锦堂把分离到的有希望的几个菌株快速培养出菌叶后,播上种子,用灭过菌的树叶覆盖,分别埋入两个分格的木箱中,保湿培养,一箱留在天麻研究所,一箱带回北京。

一日,徐锦堂接到天麻研究所小鲁的信,说京陕807-02号菌株伴播的种子已经萌发。他立即检查他带回北京的那一箱菌株,除京陕807-02号伴播的种子萌发外,京陕807-05号、京陕807-06号,两个菌株的菌叶上也观察到萌发的原球茎。徐锦堂兴奋异常,当晚几乎彻夜未眠。

这是一个重大突破,是一个值得纪念的日子。

1980年,在陕西省科委杨明处长的帮助下,徐锦堂从省科委申请到一笔科研经费。天麻研究所通了电，购置了超净工作台、显微镜和一些玻璃器皿，试验条件大为改善。

为了加快试验进度，1979—1981年，徐锦堂在北京及宁强县两地田间，同时安排天麻种子萌发菌的分离工作。

第一，从潮湿的树林中收集落于地面半腐的保湿树叶，铺于深20厘米的穴中，6月份天麻种子成熟后，种子播在落叶上，种子上再盖一层落叶，覆土保湿，大约一个月后种子发芽即可取样分离。

第二，1979—1980年，徐锦堂选择发芽的原球茎、种子萌发数量多的树叶及原球茎与树叶相连的白色菌丝索作为分离材料，在无菌条件下进行分离，将分离出的菌株培养在树叶上伴播天麻种子，进行有效菌株的筛选。结果用原球茎作分离材料容易获得成功，而树叶和菌丝索易染杂菌或被消毒液杀死了。

第三，设计了两种分离方法。

（1）群体混合分离：先将分离材料用自来水将泥土冲净，再用灭菌水冲洗数次，然后置于灭过菌的小培养皿中。培养材料在平面培养基中培养，发出菌丝后即可转管。

1979 年冬，他将天麻产区树叶上采集到的原球茎样品，带回北京实验室，于当年 11 月分离到京 7911-01 号及京 7911-02 号两个菌株。培养菌叶后伴播天麻种子，没有观察到种子发芽的原球茎是无效的菌叶。总结原因是采回的样品未及时分离，在冰箱中保存太久感染了其他杂菌所致。如能引起重视，1979 年他们就可能获得与天麻种子共生的真菌。

1980 年夏季，在宁强县产区及北京同时进行分离工作。从树叶上分离到的菌株为深黄色和其他杂色，与先前观察到的白色菌丝不同。从原球茎上采集的菌丝索，分离时都污染了杂菌。只有将原球茎作为分离材料，分离到的一些菌株较接近自然界观察到的白色菌丝，共分离到 10 个菌株进行初筛。京陕 807-02 号、京陕 807-05 号、京陕 807-06 号等有效菌株，就是 1980 年采用群体混合分离法获得的。

（2）单体分离：天麻种子接不同萌发菌株后，发芽率及原球茎生长的大小有很大区别，而原球茎及营养繁殖茎的长势又与接蜜环菌的概率有密切关系。1981 年，选择健壮、肥大、生长速度快的原球茎及其生长出的营养繁殖茎，分别编号进行单体分离，共分离到 9 个有效菌株，其中有些菌株对天麻种子萌发及原球茎生长都有很好效果，如 GSF-8104（紫萁小菇）等优良菌株，就是在 1981 年采用单体分离获得的。其中 GSF-8105 号和 GSF-8106 号、GSF-8101 号和 GSF-8103 号、GSF-8107 号和 GSF-8108 号等三对菌株，是从同一个原球茎中分离获得的。其菌丝、菌落的形态，对天麻种子的发芽率、原球茎生长速度、大小都有差别，说明侵入同一个天麻种子胚的萌发菌可能是一种菌，也可能侵入两种或两种以上的菌同时供给种子萌发营养，促使种子发芽。

在 1979 年之后的三年间，在宁强县天麻产区及北京实验室，共接种了 748 个分离体，其中有原球茎 478 个，树叶 270 片；共分离到 77 种菌株，经初步归类及淘汰，除了褐色、黄色等杂色菌外，初步选出 24 种。

天麻种子萌发菌的筛选

望着初选的 24 种菌株，徐锦堂等人心情激动又压力重重。因为需要从这 24 种里筛选出既与天麻种子有共生萌发作用，又在生产上有实际应用价值的优良菌株。一则从理论上阐明在自然条件下天麻种子萌发的营养来源；二则创建天麻有性繁殖全新的播种技术，实现更高的产量和更好的经济效益。前无经验可循，后因天麻种子寿命短（当时的观点），必须快速完成筛选，否则重复试验要隔年才能进行，时间成本太大。

1980 年年初，徐锦堂在他设计的多种试验方法中，确定了一种比较满意的方法，他将其命名为"菌叶快速培养法。"这种方法是在配制好的 PDA 培养基试管中，加入 1 ～ 2 片壳斗科植物的枯叶，高压灭菌后，作成斜面，尽量使树叶露在培养基外，萌发菌的菌丝只在基面生长，不像蜜环菌可深入培养基中。接入分离出的菌株后，在 25℃恒温条件下，仅用 7 ～ 10 天时间，试管里的叶片上即可感染菌丝，取出叶片，洗净培养基，即可伴播天麻种子。

徐锦堂闯过第一道难关了，他可以随时随地做想做的试验了。试验周期不再是以年计算，而是以周计算。

创新其实就是步步闯关。因无经验可循，播种方法全靠徐锦堂自己摸索。所幸已过天命之年的徐锦堂，经验与精力正处于最佳状态。他的试验设计既缜密又实用。

试验方法一：在培养皿内放一块厚约 1 厘米、预先用开水烫过的海绵，选培养好的平展菌叶，剪成 2 ～ 2.5 厘米的方形小片，将裂果的天麻种子抖于培养皿内，用毛笔蘸种子，均匀地播在菌叶背面，每小片菌叶可播种子 200 ～ 300 粒，种子朝上摆于海绵上，每皿可摆 3 ~ 5 片菌叶。在播种的菌叶上，再覆盖一张消毒的树叶，并在皿内海绵周围用吸管加入一定量的冷开水，以保持海绵的湿润度。盖好皿盖后，放于 25℃恒温条件下培养。

试验方法二：选直径 15 厘米的新小花盆，洗净后盆底先铺一层约 3 厘米厚的湿沙，其上铺一层 2 厘米厚（一指厚）用开水烫过的湿树叶，将已播好种子的菌叶，用灭菌后的大叶片对折夹好并做标记，每盆 3 ~ 5 片，上面覆盖 3 厘米厚灭菌的湿润树叶一层，盆顶盖些青苔保湿，用玻璃片盖好花盆以保持水分和潮湿的小环境，放于 25℃左右的恒温条件下培养。

两种试验方法各有千秋：培养皿内保湿海绵菌叶播种法，原球茎及营养繁殖茎生长速度不及小花盆播种法，但这种方法可直观观察种子萌发及原球茎生长的全过程，是适合作菌种筛选和测定种子发芽率的好方法；小花盆菌叶播种法更接近田间自然条件，种子发芽率较高，原球茎生长速度快于培养皿内播种的种子，但不宜经常检查，也不易观察到种子发芽及原球茎生长动态。

两种试验方法最可贵的是设计思路的出发点：从田间生产需要出发，科学研究要促进生产发展。

科学研究讲究精确。好的方法有了，新的问题又出现了：怎么精确统计天麻种子的发芽率？

天麻种子奇小，细如面粉，目测非常困难。统计种子发芽率常规方法是借助放大镜或解剖镜观察，但因种子是撒播在菌叶上的，无一定排列顺序，往往数着数着就乱了。为了避免漏计或重复计数，徐锦堂又亲手设计制作了观察种子发芽的计数网。他先用细钢丝作成 3 厘米见方的框架，再用电话线里很细的铜丝，编织成间隔 0.2 毫米的小方格，将计数网压在菌叶上，播种后在解剖镜下由左到右，再由右到左，用计数器统计每个小方格内的种子数，既准确又迅速，事半功倍。

经过充分的准备，天麻种子萌发菌的初步筛选试验开始了。

1980 年 7 月，在宁强县当年分离出的京陕 807-01 号、京陕 807-02 号、京陕 807-03 号、京陕 807-04 号四个菌株，采用试管快速培养菌叶的方法，培养出供试菌叶。为排除培养菌叶时 PDA 培养基营养对天麻种子发芽的干扰，在 PDA 培养基试管中放入树叶高压灭菌后取出叶片，洗净培养基。以具有 PDA 营养的营养叶，及普通灭菌的叶片同时播种后作对照。重复一次，埋于木箱中，将一次重复带回北京，另一次重复仍留产区分别观察。播后两个月，筛选结果表明，两地的京陕 807-02

号菌株对天麻种子有发芽效果。它是徐锦堂课题组首次分离出的、能促进天麻种子发芽、有共生萌发作用的第一个菌株。

京陕 807-02 号菌株的获得，否定了天麻整个生长周期都靠蜜环菌提供营养的传统观点；同时阐明天麻种子发芽的营养，来自蜜环菌以外的真菌。

1980—1981 年，两年初筛试验确定，GSF-8104 号等 12 个菌株是天麻种子共生萌发的有效菌株。当然，这仅是初步结果，还要优中选优，继续开展优良菌株的筛选。试验从两个方面进行。

第一个是天麻种子伴播不同菌株发芽率和原球茎生长速度比较试验。

在初筛的基础上，徐锦堂选择了发芽率较高的 GSF-8103 号、GSF-102 号以及不但发芽率较高，且促使原球茎生长快的 GSF-8104 号（即后来的紫萁小菇）三个菌株，与 1980 年分离表现较好的京陕 807-05 号菌株进行比较。

采用培养皿保湿海绵菌叶播种与小花盆伴菌叶播种方法，试验结果都证明，接 GSF-8103 号菌株的天麻种子发芽率最高，其次是 GSF-8104 号。原球茎及其分化生长出的营养繁殖茎的生长速度，以接 GSF-8104 号菌株的最快，分化的侧枝数目也最多，营养繁殖茎最大。效果均优于接对照的京陕807-05号菌，两种播种方法的试验结果一致。

接GSF-8104号菌株的天麻种子，播种后15天已有0.14%的种子发芽，30天发芽率达20.63%。15～40天为种子发芽高峰时间，发芽势较整齐。接GSF-8103号菌株的种子，发芽率虽较高，但播后30～60天种子陆续都在发芽，播后30天发芽率仅4.94%，40天的发芽率与GSF-8104号30天相近，发芽势不整齐，尤其在高山区及寒冷地区，晚期萌发的种子，由于气温降低，不能和蜜环菌建立营养关系，大都夭亡。

因此，GSF-8104号菌株是供给天麻种子萌发营养、促进种子萌发较好的菌株。

第二个是伴播不同萌发菌株天麻产量比较试验。

1984年6月6日，在北京半地下室48厘米×84厘米的砖池内，进行了接菌播种比较试验。每处理播种1穴，重复7次，顺序排列。每穴播种子1克，当年11月20日收获，3次重复，半年统计产量。播后一年半，于1985年11月8日收获余留的各次重复，统计产量。

结果表明，半年产量及发芽原球茎、营养繁殖茎接蜜环菌丛数，都以接GSF-8104号菌株的效果最好。播种后仅5个月，穴产量就高达3150克，而对照穴仅收2.5克，远远超过了对照接京陕807-05号菌株的产量，居各菌株的首位。其次是接GSF-8103号菌株的处理。接GSF-8102号菌株的产量较低，但仍高于对照组。

播种一年半后与播种半年的产量相比，接GSF-8104号菌株的天麻产量，降低到第三位，仅高于对照42.1%。而原接GSF-8102号菌的天麻产量却跃居首位，比对照高86.8%。

衡量天麻种子萌发菌的优劣，主要视其种子发芽率的高低、发芽势整齐、原球茎及营养繁殖茎生长速度和大小，以及接蜜环菌的情况和当年白麻产量。从筛选结果看，GSF-8104号菌株是当时天麻种子萌发菌中最优良的菌株。

徐锦堂梦寐以求的优良菌株终于脱颖而出，他要用它去实现让农民脱贫致富的理想。

天麻种子萌发菌的鉴定

1986年12月，"天麻种子共生萌发菌的发现及应用研究"通过专家鉴定，获得卫生部科技成果奖甲等奖。虽然获得了卫生部级科技成果奖最高奖，但天麻学界赞同者仍然寥寥。

1987 年，周铉等同志出版的《天麻形态学》认为："天麻种子萌发，首先进入天麻原生球茎的菌丝是否属于蜜环菌的菌丝？目前在对这一问题的认识上还存在着很大的分歧。徐锦堂等报道，侵入原生球茎的白色菌丝与以后所见蜜环菌侵入天麻后生球茎的菌索不同，而认为这些菌丝不是蜜环菌；……我们认为，仅从是否看到菌索来确定蜜环菌是不够的，因为甚至同一种蜜环菌在同一地点也会有菌索与菌丝两种形式并存""徐锦堂等所见接于天麻原生球茎基部的菌丝，很可能也是蜜环菌呈现的这一形式"。

到底是蜜环菌还是萌发菌，唯一的正确判断是鉴定天麻种子共生萌发菌的分类科属。

20 世纪 80 年代初，栽培研究室的试验条件很差，天麻课题组挤在只能摆放几张办公桌的一间办公室里。要鉴定天麻种子共生萌发菌的分类科属，必须培养出萌发菌的子实体。培养试验在四面透风、人来人往的楼道里进行，无法控制温湿度，也无法防止环境对培养基的污染。为此，徐锦堂决心用课题经费盖一座天麻研究楼。

天麻楼落成后，试验条件有了很大改善，有了可控制温度、湿度、光照的培养室，供培养萌发菌子实体使用。徐锦堂自己的一间小培养室，还安排了研究生进行不同菌种培养的比较试验。

为了证明所分离到的菌并非蜜环菌，徐锦堂进行了比较试验：蜜环菌丝在 PDA 培养基上，很容易形成红褐色的菌索。他将分离到的 12 种菌株与蜜环菌丝同期接种在 PDA 培养基上，放入 25℃恒温箱中培养。20 天后观察，蜜环菌全部长出菌索，而对照组菌株，无一长出与蜜环菌相同的菌索。经长期培养观察，也未见菌索出现。另外，徐锦堂等人观察到，蜜环菌以菌索形态侵入天麻块茎表皮和皮层细胞中。蜜环菌包围的种子未见菌丝能侵入胚，只能侵入种子发芽的原球茎进行第一次无性繁殖萌生出的营繁茎。对照菌株，只能从天麻种子最末端一个细胞——胚柄状细胞以菌丝形态侵入种胚。从切片中观察到，蜜环菌与萌发菌同时存在于同一营繁茎的不同细胞中，用蕃红—固绿二重染色，两种菌形成的菌丝结细胞，其颜色和形态迥然不同。蜜环菌的菌丝结染成蓝色，排列较密。对照组菌株，菌丝结染成红色，且排列较稀。这些观察和实验，有力地证明了供给天麻种子萌发营养的菌，是不同于蜜环菌的其他菌类。

最终的正确结论，仍需确定其分类科属。因此，对这些菌株的鉴定，便成为天麻研究的一个关键问题。徐锦堂将希望寄托在 GSF-8104 号菌株子实体的培养上，设计了如下试验。

将 GSF-8104 号菌株的菌丝，接种在经灭菌后的壳斗科植物树叶上。菌丝布满叶片后，置于菌叶培养皿中保湿的海绵上，在 25℃恒温、通风透气及 100～150Lux 光强度条件下培养，加水保持海绵树叶的湿度。

一天，研究生小郭报告，在培养皿保湿海绵播种天麻种子的菌叶上，长出几个小子实体。徐锦堂观察后，立即让他采集样品去太原请刘波先生鉴定。徐锦堂又将其送到中国科学院微生物研究所，在应建浙先生的协助下，GSF-8104 号菌株的子实体，应建浙鉴定其属担子菌纲（*Basidiomycetes*）、伞菌目（*Agaricales*）、口蘑科（*Tricholomataceae*）、小菇属（*Mycena*）的紫萁小菇（*Mycena osmundicola Lange*）。徐锦堂发现并培养出子实体的紫萁小菇，是国内新记录种。

为了进一步证实鉴定结果的可靠性，徐锦堂等人从实验室诱导的紫萁小菇子实体中分离出菌丝，重复培养，又诱导出相同的子实体；从紫萁小菇孢子培养萌发的菌丝，与原 GSF-8104 号菌株的菌丝比较，其菌丝和菌落的形态完全一致；菌丝都具有发光的特性；菌丝生长所需要的营养、温度、湿度等培养条件相同，经酯酶同工酶凝胶电泳分析，酶带条数，迁移率（Rf 值）基本相同；用原诱导紫萁小菇子实体的 GSF-8104 号菌株，菌丝及紫萁小菇孢子萌发分离的菌丝培养的染菌树叶，伴播天麻种子都可发芽，播后 40 天统计，发芽率分别为 16.51% 和 27.86%。证明紫萁小菇是由 GSF-8104 号菌株供给天麻种子萌发营养的真菌诱导出的子实体，鉴定结果可靠。

"紫萁小菇等天麻种子萌发菌分离方法研究""供给天麻种子萌发营养的真菌——紫萁小菇""促进天麻等兰科药用植物种子萌发的真菌发酵液的抑菌作用""紫萁小菇等天麻种子萌发菌的筛选""促进天麻等兰科药用植物种子萌发的真菌初生产物的分析""紫萁小菇等天麻种子萌发菌生物学特性及种子共生萌发条件的研究"等研究论文，从理论上进一步阐明了天麻种子萌发是依赖萌发菌供给营养，揭示了天麻种子萌发菌生物学特性及种子共生萌发条件。

揭开天麻生活史的全部奥秘

经过 20 年的不断探索，徐锦堂终于揭开了天麻生活史的全部奥秘。他亲手绘制的示意图，带领我们进入不平凡的天麻世界，领略大自然的造化神奇，更感叹人类探索精神的力量无穷。

天麻的全部生活史是由种子萌发到新的种子成熟的整个过程。

在自然条件下，天麻种子成熟后果实开裂，种子飞离果壳，借助风力向四方飞散，落于林间地面落叶层。由于林间半腐的落叶，感染有紫萁小菇等天麻种子共生萌发菌，天麻种子与这些真菌接触后，萌发菌侵入种胚，胚细胞消化了萌发菌获得营养，种子发芽，一个新生命开始。试验证明，果实开裂后种子发芽力大大降低，同时也不可能所有的种子都能飞落在湿润的树叶层中，且不是所有的树叶都有紫萁小菇等真菌腐生，所以能够发芽的种子只是少数幸运者。正因为这种机缘的稀有，在自然界的植物分布群落中，天麻才能保证数量合理的比例组合。由于天麻种子数量极多，一个果实有种子3万～5万粒，一株天麻有种子近300万粒。因此，在自然界生物演化的历史长河中，天麻才没有被淘汰，保持了种族的延续和发展。

在人工培育条件下，6、7月天麻种子成熟后，播种于树叶菌床中，与紫萁小菇等萌发菌接触，萌发菌侵入种胚，被胚细胞消化胚获得营养，分生细胞不断分裂，从外形观察，播种后种胚吸水膨胀，播后15天胚体形状变化越来越大，种胚逐渐达到与种皮等宽的程度；胚体积继续增大，种皮被胀大呈鼓肚状枣核形种子；胚柄端颜色深，胚顶端新分化的细胞色浅，然后靠近此端种皮破裂出现裂口；7月正是产区雨季，10～20厘米地温在25℃，土壤含水量15%（陕西宁强县），原球茎突破种皮而萌发，播后26天观察到长0.8毫米、直径0.49毫米的原球茎，种皮仍附着在原球柄上。

大量的原球茎萌发出营繁茎后，未能与蜜环菌建立共生营养关系，只靠紫萁小菇等萌发菌提供营养，已不能满足无性繁殖阶段对营养的需求，生长出细长的营繁茎，有的可长达3～4厘米，由于营养亏缺，顶端虽分生出瘦小的小米麻，但冬季大部分夭亡。

原球茎分化生长出营繁茎后，蜜环菌侵染营繁茎；在营养丰富的情况下，播种当年营繁茎顶端生长锥和侧芽都可分生出十余个粗壮的白麻和米麻。大的长可达6～8厘米、直径1.5～2厘米，重8～10克，已完全达到作种移栽的标准。

种子繁殖的白麻和米麻，越冬后如果能与蜜环菌建立良好的共生关系，4月初土壤10～20厘米平均地温升高到12.4～12.8℃，结束了休眠，顶生长锥开始分化生长，首先发出短粗的营繁茎，营繁茎顶端分化生长出雪白的嫩芽，7、8、9 三个月生长最快。8 月 17 日观察，较大的箭麻长达 12 厘米，直径 3.5 厘米、重 66 克，可看到长 0.6 厘米分化出的项芽。11 月 5 日收获，箭麻平均重 105.4 克，最大箭麻长 13.5 厘米、直径 6.1 厘米、重 211 克。

越冬后的米麻和白麻进行第二次无性繁殖，在其麻体上生长出的营繁茎侵染蜜环菌，靠同化蜜环菌得到营养供给，冬季米麻营养繁殖茎前端长成白麻，而白麻营养繁殖茎前端即发育成具有顶芽的箭麻；进入生殖生长阶段，箭麻已贮藏有足够的营养物质，不再需任何营养供给，但在自然条件下，有的箭麻仍然要被蜜环菌侵染，但其只限于表皮，如侵入皮层内部，箭麻则受到危害而腐烂。这就是民间传说的"天麻是个宝，栽了就会跑。天麻是山怪，栽了就不在"的原因。如果箭麻未受侵害，越冬后抽茎开花结种，跨越三个年头，在第 22 个月露出地面与人类见面，在第 24 个月里完成由种子到种子的全部生命过程。

据此，徐锦堂提出"天麻是先后靠双菌共生完成从种子到种子全部生活史的植物"的结论，并由此揭开了"天生之麻"生活史的全部秘密。此项成果荣获卫生部科技成果奖甲等奖，并被国家科委选入《中华人民共和国重大科技成果选集》中。1988年召开的"天麻与紫萁小菇、蜜环菌营养关系及其在栽培中的应用"研究成果鉴定会，获得专家们的一致肯定和认可。此时正当徐锦堂的小孙女降生，为了纪念这一科学的发现，徐锦堂给她起名：徐紫萁。

2001年9月24—28日，在澳大利亚帕丝召开的第一届世界兰花保育大会暨第二届国际兰花居群生物会议上，DavidRead教授对我国在天麻及其他兰科植物共生真菌的研究，给予了极高评价。对我国学者首次发现的一种兰花——天麻的不同生长期，必须与不同真菌共生给予了充分肯定。2003年出版的会议论文集《兰花保育》一书中，Zetde、Sharma及Rasmussen在回顾兰花共生真菌研究时也专门指出这一点。

这次会议前，在一个兰花保育技术培训班上，Kingsley Dixon博士对徐锦堂等人的发现和研究也给予了充分肯定。在培训班使用的教材中，收入了世界各国56篇有关兰科植物共生真菌的研究文献，其中便有徐锦堂和他的学生共同发表的4篇论文。

中国兰花学会理事长罗毅波博士表示：中国人在世界学说界的发现有几个？兰科植物天麻在不同生长期与

不同真菌共生，就是我们中国人首先发现的。由于我们的发现，在世界兰科植物研究中，人们进一步认识到兰科植物与真菌共生营养关系的复杂性和多样性。这是我们中国人对兰科植物与真菌共生营养关系研究的一大贡献，也是中药研究对世界的一大贡献，它将载入兰科植物研究的史册。

执着的坚守终迎硕果

阳台上的实验室

1998 年，69 岁的徐锦堂退休了，他比一般人晚退休 9 年。老伴说：咱们都快 70 了，该歇一歇了。他嘴上答应，还买了太极剑，准备每天到天坛公园去锻炼身体，安度晚年。这样的日子没过几天，他就沉不住气了：天麻、黄连的研究和生产，还存在那么多问题，我不干谁干？一天早上，他说什么也不去天坛公园了，一口气把他的"五年计划"告诉了老伴。老伴早就"发现"他魂不守舍，知道他闲着还不如工作愉快。

于是老伴陪着他去采购：手提高压灭菌器、玻璃仪器和化学试剂买回来了。没有接种箱，他用电视柜改装而成，恒温培养箱也土法上马搞成了。望着"实验室"，徐锦堂舒心地笑了，他在家里上起班来。

在"家庭试验室"里，徐锦堂发现天麻种子和种麻只有一次被真菌侵染的概率，真菌侵入后建立起菌丝通道，成为树叶培养的萌发菌、菌棒培养的蜜环菌，源源不断进入种子和种麻的通途。他在《真菌学报》《中国医学科学院学报》《植物学报》上发表了最新的研究结果。这是天麻与真菌共生生物学理论研究的又一次发现。他还发现，20 世纪 80 年代初筛选出的优良萌发菌、蜜环菌菌种经多次转接有的已出现退化。他对老菌种进行选优复壮，并亲赴陕西、湖南、河南几个天麻产区采样进行菌种分离。其中筛选出的几个优良菌株伴播天麻种子后，表现出喜人态势，如 GSF-2008 号、GSF-2009 号。通过生产试验，逐渐应用于大面积生产。另外，在天麻栽后的田间管理上，他提出天麻有冬季低温生理休眠和夏季高温强迫休眠的新理念，对如何满足冬季低温生理休眠的条件，防止和缩短高温休眠的时间意义重大，成为加强田间管理、提高天麻产量的新举措。

2008 年，是徐锦堂退休的第十个年头，他硕果盈庭，红霞满天：他在陕西、湖南、河南、山东、湖北等省区举办培训班，推动天麻和黄连的生产；他以第一作者身份发表论文 26 篇，著书两部（副主编）；1999—2000 年连续获得北京市、中医药局科技进步奖两项；他改进和完善种子纯菌种伴播技术，总结的天麻高产稳产的管理操作规程，2001 年获国务院国家科学技术进步奖二等奖；2002 年，荣获何梁何利医学药学科学进步奖；他还获得中国药学会地奥药学科技奖、仲景中医药杰出成果奖、国际天麻学术研讨会杰出成就奖、陕西省略阳县杰出成就奖、湖北省利川市荣誉市民等荣誉。

猪苓在略阳

　　1997年年初，略阳县委书记徐登奎，派略阳食用菌开发中心主任何才章和地区药材公司生产科长傅世贤进京求贤。傅世贤与徐锦堂20世纪70年代在汉中搞天麻时就熟悉了，一听说徐锦堂就要退休了，赶紧进京揽贤。傅世贤递上了徐书记的亲笔信，恳切希望徐锦堂帮助略阳发展天麻生产。望着老朋友期待的目光，徐锦堂慨然应允。

　　在略阳他办过学习班，知道那里是八山一水一分田的穷地方，能为贫苦的农民做事情义不容辞。不过他对二人说，药材缺了是个宝，一旦多了就是草。建议略阳县在发展天麻的同时栽种猪苓，因为它与天麻生长条件相似，一旦有个大小年，老百姓不致凄惶。傅世贤大喜过望，老朋友不但非常给面子，而且还多带了一宝来略阳。何才章更是心花怒放，略阳县食用菌开发中心已经连续亏损几十万元，他这个主任正坐在火山头一筹莫展，如今活财神慨然带两宝进山，如同运交华盖一般。

　　1997年3月，徐锦堂来到略阳，他把最新的技术成果连同亲自选育的400瓶天麻共生萌发菌和优质蜜环菌菌种，交给了国家级贫困县——略阳县委领导，约定栽种时节再来讲课。数月后栽种期快到了，徐锦堂背着一旅行袋资料远道而来。培训班开课那天，可容纳320人的县嘉陵江饭店会议大厅座无虚席，除徐锦堂讲话声外无半点杂音。当年略阳县发展天麻有性繁殖播种1.3万窝，猪苓半野生栽培1.2万窝，是原计划的三倍。略阳县食用菌开发中心菌种厂成为西北两菌的唯一生产厂家，当年扭亏为盈，西北各地用户纷纷前来购买。一时间"两菌"供不应求，出现举着钱排队的奇观。

猪苓是一种真菌药物，猪苓菌的菌核形似猪屎或鸡屎，又称猪屎苓、鸡屎苓。我国山西、陕西、云南、四川、甘肃等十几个省均有分布，过去一直用作利尿药。20世纪80年代初期，日本学者发现猪苓多糖对癌症有治疗作用，在中国市场大批采购，猪苓供应一时紧缺。

自古以来，猪苓都靠采挖野生供药用，自然资源供不应求。20世纪70年代末，药研所曾派科研人员赴山西古县蹲点，进行猪苓野生变家栽试验。一年观察研究的结论是猪苓栽后不烂也不长，就主张课题下马。

20世纪80年代初，中国药材公司组织陕西、云南、四川、甘肃等省和药植所成立了攻关组。徐锦堂作为该组的技术总顾问，重新开展了猪苓野生变家栽的研究。

为探索猪苓生长繁殖的奥秘，徐锦堂于80年代初与山西省药材公司合作，在山西古县霍山北平镇海拔1500米的水眼沟深山老林中（原药材公司猪苓场）建起试验点，开展研究工作。他觉得首先要弄清的问题是猪苓栽后是否不烂也不长。通过仔细观察，他发现了猪苓菌核的离层。野生猪苓中有1000多克的圆柱形大菌核，它是一年长成的还是数年长成的？如果是后一种情况，说明猪苓生长速度很慢，创造最好的生长条件，进行人工栽培也很难改变猪苓菌核的这种遗传特性；如果是前一种情况，说明只要能满足猪苓生长发育的条件，是会在短时间内长出大块菌核的，即猪苓是可以高产的。

　　实地观察中，徐锦堂发现新苓和母苓之间由两层包着的黑皮隔开，用手掰开可看到明显的离层，他据此推论：生长着的猪苓，由于气候条件，特别是干旱的影响，一年可形成一个或一个以上的离层。但一块没有离层的猪苓菌核，无论其体积和重量如何，都是在一年之内长成的。只要能满足猪苓生长发育对环境、营养条件的需求，是可以用人工方法在一年之内长出大块猪苓的，不存在不烂也不长的情况。

　　猪苓野生分布区与天麻分布区吻合。徐锦堂在古县猪苓试验场进行了蜜环菌材伴栽猪苓菌核试验。结果表明，没有蜜环菌材伴栽，猪苓菌核不能萌发出新苓并正常生长。栽培穴中加入较厚的一层树叶，可大大提高猪苓接菌率和产量，这就肯定了蜜环菌是猪苓生长的营养来源，为猪苓人工栽培奠定了基础。

既然猪苓生长需要蜜环菌，它们之间是一种什么关系呢？通过生物切片、电镜观察，发现侵入猪苓菌核的蜜环菌索激活了猪苓菌抵御异体侵染免疫反应的本能，猪苓菌核内形成隔离腔的防御结构，包围了蜜环菌索，猪苓利用蜜环菌的代谢产物为营养，在菌核表皮萌生出菌丝团，发育成新的菌核。猪苓与蜜环菌之间是一种共生的营养关系，这是生物界首次较详细地阐明了猪苓菌核生长的营养来源，成为猪苓人工栽培的理论依据。

利用蜜环菌材伴栽猪苓成功后，又出现了新的问题：生产成本高、猪苓产量低，农民不愿采用。攻关协作组纷纷下马，只有徐锦堂仍然持续不断的研究。猪苓收获时，他发现种在灌木丛中的猪苓长势较好、产量高，进而发现栽培穴中有许多毛细树根穿插，树根上都感染了蜜环菌，猪苓产量的提高和这些感染了蜜环菌的树根有关。既然按人工栽培方式成本高，何不采用半野生栽培方式来降低成本呢？于是徐锦堂因地制宜试验成功猪苓半野生栽培法，最高穴产量达到 5 公斤和 7.5 公斤。徐锦堂在山西古县举办技术培训班，进行规模化生产推广，取得了较好效果。

1990年，卫生部在北京主持召开了"猪苓繁殖、生长、营养及半野生栽培技术研究"成果鉴定会。专家们一致认为猪苓半野生栽培方法，是一种省工省投资，应当大力推广的栽培技术。中央电视台在当日《新闻联播》中报道了徐锦堂的这一新成果。

1992年"猪苓繁殖、生长、营养及半野生栽培技术研究"成果，获卫生部科技进步奖三等奖。

随着猪苓的药用价值日渐提升，猪苓价格也扶摇直上。从1997年的每公斤10元，到2011年的每公斤180元。猪苓栽培已经成为略阳县的"拳头"产品。2013年5月，略阳县中药发展局衡志洲局长介绍说：由于猪苓价格优势，全县猪苓发展势头迅速，出现企业家成片租山栽种猪苓。目前略阳县栽培猪苓超过150万余穴，产值已超过天麻的数倍。

功在深山百姓心田

科学就是生产力

一个城里人不走进大山深处，不会知道什么叫贫困。懂得了农村贫困，就会认识到解决三农问题是每个有觉悟的中国人应当具有的一份沉甸甸的责任。

如果你沿着徐锦堂几十年前在深山老林留下的足迹走去，你就会感到中国的富强多么需要他这样的科学家。笔者有幸于 2013 年春天，沿着 30 年前春天曾经陪同徐老师走过的路，再次到了汉中宁强和利川福宝山，今非昔比，感慨万千。当然，如果同徐老师第一次来到这里时相比，更会是沧海桑田，换了人间！

1984 年的春天，笔者作为宣传干部陪同徐锦堂老师从汉中到重庆，坐船到万县，再坐汽车到福宝山。从汪营往福宝山的路上，能够感觉到徐锦堂老师激动的心情，这是离乡多年即将到家的情结。他说 1958 年第一次到福宝山考查时，砍山搭棚栽黄连，植被遭到严重破坏，到处荒山秃岭，老百姓生活非常苦。森林砍光了，福宝山药材场今后怎么办？领导发愁，工人也发愁。徐锦堂记得，1960 年福宝山药材场全场总收入才 8 万元。男壮劳力每月工资 12 元，妇女仅 8 元。一个国营药材场男壮劳力每天工资才四毛钱，而辛勤劳作一天的妇女工资还不到三毛钱，用四毛钱或再加上三毛钱养活一家数口，那是什么样的日子？怎么过？

大山里听到的民谣让徐锦堂终生难忘：福宝山来高又高，走路好像云中飘，山中么子都没有，只有蕨根和茅草。

那天我们的汽车一到场部，徐锦堂立即被热情的干部工人包围了，一个大城市的知识分子与山里人感情如此深厚，着实让人感动。当地的干部工人向笔者介绍说："徐老师在我们最艰苦的时期，与我们同甘共苦了八年，他研究成功的自然林栽连、熟地栽连、黄连玉米套种、简易棚栽连和黄连种子湿沙棚贮与精细育苗技术，在福宝山和利川推广后，黄连栽培状况大为改观。"20多年的技术推广应用，山变绿了，水变清了。1984年，全场收入增加到82万元，工人月平均工资50多元，有的工人超过百元。按当时的工资水平，北京比这个大山里的药材场工人收入并不多，因此福宝山人对徐锦堂充满感激之情。

据2003年"黄连生态栽培技术研究成果鉴定会"资料介绍，仅利用"黄连种子湿沙棚贮与精细育苗"技术，福宝山的收入就十分可观。在适宜集中大量贮藏黄连种子湿砂棚贮技术的基础上，近年又规范筛选出适合农民一家一户采用的黄连种子湿砂平袋浅贮的方法，提高了种子育苗率。福宝山黄连种子育苗每亩播种5斤，可育苗七八十万株，还缩短育苗期一年。秧苗健壮，栽后成活率高，不但满足了全场用苗，还能大量向四川黄连老产区卖苗。黄连苗每万株120元，一亩苗可卖八九千元，大大增加了药农的收入。黄连种子育苗率提高了，种子有了富余，还可在初春黄连开始抽薹开花时，打掉花薹，以节省养分消耗，提高黄连产量。用打掉的花薹制作的黄连花茶，具有茶和药的功能，甫一推出大受欢迎，又给福宝山增加了一大笔收入。

2003年福宝山药材场有2260人，劳动力1600人。改制后土地归个人耕种，全场人均年收入5000元，户均收入2万元，户存款几万元，多者达几十万元的家庭也不在少数。2003年，徐锦堂重返福宝山，亲眼看到一位商贩用3.6万元，向农民买了生长三年的1.8亩地黄连"青山"，自己采挖加工，农民一亩黄连净收入2万元。

2013年春天，笔者来到福宝山时，印象最深刻的就是满目青山，碧水环流。从福宝山山门进入，蜿蜒的环山公路，其上被绿荫遮盖，一边碧水环绕，这里已经成为湖北著名的漂流训练基地。若乘舟缘水前行，即达漂流的出发地，上岸就是库容几千万立方米的福宝山水库。静谧的青山之中，蓝天白云、湖光潋滟，宛若仙境，与30年前相比已有隔世之感。陪同的袁书记讲，全是生态栽连的结果。

1984年春天，笔者与徐锦堂出差的第一站是宁强。我们在阳平关下车，坐县里派来的吉普车沿川陕公路到了宁强县天麻研究所，并在所里住了三四天。一天午饭后，笔者正与徐锦堂在研究所外的路边，望着一片片金灿灿的油菜花攀谈，过来一位40多岁的中年人，到了跟前，只见他整整衣襟，恭恭敬敬地给徐锦堂深鞠一躬，弄得徐老师手足无措。这位中年人叫燕永瑞，是曾家河乡马家湾农民。那年他收获天麻1250斤，出售箭麻500斤，收入5045元，成了远近闻名的冒尖户。笔者留下了二人的合影，见证了天麻给当地人民带来的福祉以及那里的人民与徐锦堂的深情厚谊。

宁强县位于陕、甘、川三省交界处，有鸡鸣三省之说。境内重峦叠嶂，坡陡沟深，要发展粮食生产困难极大。这里雨量充沛，气候温和，林特资源丰富，野生药材繁多，发展多种经营潜力很大。

1972年，徐锦堂在汉中的第一个试验点就在宁强县滴水铺公社东风三队。天麻无性繁殖固定菌床法、天麻有性繁殖树叶菌床法，都是最先在宁强县研究成功和应用的。据统计，到1984年，全县共举办天麻栽培技术学习班100多期，有10000余人次参加了学习，最多的一次学习班有500多人参加。群众掌握了天麻栽培技术，天麻栽培面积和产量不断提高。1983年，宁强县天麻总产量达100万斤，其中商品麻45万斤，县药材公司收购39万斤，农民增加收入100万元。

滴水铺公社是全县的穷山区，过去农民吃盐买油钱靠砍栎林卖柴换。重点发展天麻生产后，1983年天麻总产量18.6万多斤，增值55万元，其中商品麻8万多斤，向国家交售近7万斤，收入17万元，占全社多种经营产值的80%以上。过去穷得叮当响的地方，而今买得起自行车、缝纫机、手表，修新房的人多了，农民的存款也多了。1981年遭受百年不遇的洪涝灾害，但全社人心稳定。农民感慨地说："这么大的灾荒，如果发生在十年前，不知有多少人要外流谋生，现在不仅没有逃荒的，还有钱买大米吃，多亏种天麻呀！"

1984年7月，宁强县人大常委会主任、原县长何汉民专程到北京，到药植所奖励帮他们致富的科研人员。中国医学科学院党委书记冯佩之听到这一消息后，指示药植所召开隆重的授奖大会，号召全所同志向徐锦堂学习。1984 年 7 月 21 日，药植所召开了全所大会，请何汉民作了"同心协力搞科研，发展天麻生产"的报告。何汉民说："这次，我受中共宁强县委、人大常委会、人民政府的委托，代表全县 31 万人民，专程来京，汇报我县与药植所天麻组，同心协力搞科研，发展天麻生产的情况。同时，也是来向中国医学科学院药植所党政领导和全体同志表示衷心感谢和崇高敬意的。"何主任讲了宁强县天麻科研、生产情况和所获得的经济效益后指出："尊重人才，尊重知识，重视研究成果推广，是对科研人员最大的支持。北京到宁强，迢迢三千里，徐锦堂同志每年都要来几次，累计行程不下十万公里。每次刚到就立即投入紧张的工作，特别是 20 世纪 70 年代，条件很差，生活艰苦，但他一头扎在试验点上，一干就是十几年，亲自动手搞试验，翻山越岭搞调查。全县大多数区乡都留下他的足迹，他一心扑在科研和生产上，深入实际，联系群众，艰苦奋斗，十几年如一日的好思想、好作风，受到了我县广大干群的一致赞扬。徐老师在我县从事科研工作，传授知识，培养人才，付出了很大劳动，作出了很大贡献，但他未收过一分钱的报酬，这是他高度责任感和强烈事业心的一种表现。"最后何主任说："吃菌子（木耳）不能忘记树疙瘩，我们不能忘记徐老师和天麻组的同志，他们是帮助我们脱贫致富的活财神。为了表示我们的心意，宁强县人民政府决定，拿出 3000 元奖给药植所天麻组。另外，奖给徐锦堂同志彩色电视机一台，以表彰他们在帮助我县发展天麻生产中作出的贡献。"

现在一台彩电值不了多少钱，但在 20 世纪 80 年代，地方政府奖给首都的科研人员一台 18 英寸彩色电视机，在全国引起了相当大的轰动。7 月 21 日，新华社发了通讯；《光明日报》《北京日报》7 月 22 日分别发表了"科技人员帮山区种天麻致富，宁强县派代表进京赠送奖品""首都科技工作者帮助宁强人民致富，宁强县政府代表来京向徐锦堂等人授奖"的新闻报道。笔者拍摄的徐锦堂双手抱着彩电的照片，刊登在了当年 7 月 29 日的《健康报》上。

陕西省勉县张家河区，地处秦岭深山之中。20 世纪 70 年代初，区政府所在地张家河被黑水河阻隔，只有一条铁索桥与外界相连。坑洼不平的土路只到黑河坝，剩下的几十里山路全靠步行，还得翻过海拔 1800 多米高的秦岭三道湾，处在与外界隔绝的状态。张家河离勉县县城不足 200 里，但是许多老人一辈子也没去过县城，没见过高楼、汽车。村民之间联姻普遍，到处可见因近亲通婚的残疾人，有的一户就有几个。张家河的群众生活很苦，一年四季家家吃洋芋蛋（土豆），户户住茅草屋。区政府的一幢两层简易竹板小楼，是当地的最高建筑。到了晚上，全乡一片漆黑。

1972 年，徐锦堂第一次到张家河时，觉得此地山大林深，有丰富的森林资源，黑油沙土壤肥沃，自然环境和气候条件都很适合天麻生长。这里野生天麻分布较多，天麻体形和质量都属上等。因此确定张家河是继宁强县东风三队之后的第二个试验基地，大力推广天麻无性繁殖菌床栽培法。农民李宗贵、张翠英、陆化林作为天麻研究的联络户和技术员，动员家家户户种天麻。

白天，徐锦堂为农民办天麻栽培技术培训班，手把手教农民种天麻，晚上与老乡同吃洋芋蛋、睡稻草铺。由于自然条件得天独厚，以后的天麻有性繁殖——树叶菌床法也得到了有效推广。农民虽然不能准确分开有性繁殖各代的麻种，但由于自然选择的结果，使多代无性繁殖退化的后代自然淘汰。张家河的天麻保持优良种性和持续发展，其短粗的麻形受到客户的青睐。天麻采挖季节一到，成都、重庆、武汉、广州等地的采购商云集，给张家河的药农带来了丰厚的经济回报。

1998 年 5 月，徐锦堂重返张家河。连日大雨将不足丈宽的山区公路冲坏，80公里的山路颠簸了半天才到达。看到站在路旁已等候了多时的李宗贵，大家的心情都格外激动。张家河大变样了，原来简陋的一条平房小街已变成林立的楼房，有两层的也有三层的。商店中的商品琳琅满目，姑娘们的穿着打扮颇为时髦。铁索桥不见了，代之以宽敞的水泥大桥。更令人惊奇的是，小伙子都骑着摩托车。天麻种植大户陈自乾，派小儿子骑摩托车去30里外的山下买来两个大西瓜招待客人。他家有两辆摩托，一辆吉普车，小儿子还考上了广州的一所大学。

金华乡詹书记对徐锦堂说："过去张家河连高中生都很少，现在出了四位大学生，多亏种天麻呀！"返回的路上，徐锦堂被金华村张村长硬拉到家里吃饭，他说："我1986年卖天麻收入四万元，培养了一名大学生，现在西安交大学习。我们现在吃、喝、穿、戴都是您给的，您是我们张家河的财神爷。"

略阳县位于陕西省南部，地处秦岭西段南麓，嘉陵江上游。1997年，略阳县委书记徐登奎派略阳食用菌开发中心主任何才章和地区药材公司生产科长傅世贤进京拜访并邀请徐锦堂，协助略阳发展天麻生产。徐锦堂慨然应允，并建议除天麻外，还应发展栽培与天麻生长条件相似的猪苓。

徐锦堂不仅在县城举办了多期培训班，还赴九中金、郭镇等乡镇多次举办培训班，手把手教农民栽天麻。

略阳县食用菌中心菌种厂，引进药植所真菌研究室的蜜环菌 Am23–4 号菌株、萌发菌 GSF–8103 号、GSF–8104 号菌株及菌种生产的全套技术，扭亏为盈，扩大了企业经营，并为农民提供了优质的菌种。由于略阳县采用蜜环菌和萌发菌伴播新技术，天麻生产的面积和产量一跃超过宁强和勉县。到 1999 年，全县天麻有性繁殖播种 5.2 万穴，翻窝总数达到 58 万穴，产值达 2088 万元，全县人均增收 300 元。

略阳县一跃成为汉中天麻生产第一大县，与县委书记徐登奎的重视密切相关。他除了邀请徐锦堂全面指导天麻生产外，还聘请了地区傅世贤、李树森、周志强、张前福四位专家组成顾问组，掌管菌种生产，负责天麻技术的推广工作。每次开天麻会和举办培训班，徐书记都要参加，并抽出许多时间解决天麻生产中存在的问题。如协调各种矛盾、筹集资金、调配人员，并陪同徐锦堂到各地传授技术等。正是有了徐书记的重视和县食用菌中心菌种厂的努力，略阳的天麻产量猛增至全地区首位，成为全国天麻主产区。

2000 年，略阳县成为全国第一个通过天麻 GAP 认证的县。药用植物研究所与略阳县食用菌开发中心共同上报"天麻种子与真菌共生萌发及生长机理和纯菌种伴播技术研究与应用"成果，该项研究获得 2000 年度国务院颁发的科技进步奖二等奖。

2001 年 11 月 16 日，略阳县召开隆重的"杰出贡献科技人员"颁奖大会，徐锦堂被中共略阳县委、略阳县人民政府授予全县最高奖，并颁发了荣誉证书和 2 万元的最高奖金。县委书记在讲话中指出："徐锦堂同志在'九五'期间的科技兴略工作中，作出了显著成绩，授予他'杰出贡献的科技人员'奖。"

2002 年 10 月 20—22 日，由中国民族医药学会、中国中药协会、汉中市人民政府主办，在略阳县召开了"国际天麻学术研讨会"，有韩国、美国友人及全国天麻科研、生产、制药等有关专家和科研生产工作者 200 余人参加，民族医药学会会长诸国本主持会议。徐锦堂作了"名贵中药——天麻栽培研究回顾与展望"的发言，与会代表参观了天麻栽培现场，高度评价天麻科研工作和略阳县天麻生产对全国医疗用药所作出的贡献。会上授予原汉中地区药材公司经理李怀录和原宁强县县长张国栋"突出贡献金牌"，授予徐锦堂"杰出成就"奖和金牌。

生态栽连利千秋

利川位于鄂西南隅，地处巫山与武陵山余脉交汇部，为八百里清江发源地。境内四周高山环抱，中部平坦开阔，平均海拔 1200 米，属亚热带大陆性季风气候。在第四纪冰川时期，因有大巴山系巫山山脉作屏障，除未受直接的冰川破坏外，受山地冰川寒流的影响也极其微弱，使利川成为第三纪植物的"避难所"，给珍稀濒危植物的生存繁衍造就了一个得天独厚的地理环境。至今仍保持世界唯一现存的水杉原始种群和全国罕见的珙桐、秃杉、莼菜、红豆杉、银杏、钟萼木、黄连等古老珍稀濒危保护植物 37 种，中草药植物资源 1361 种，素有"华中天然药库""水杉之乡""莼菜之乡""坝漆之乡""黄连之乡"的美誉。自清代大面积栽培黄连以后，砍林搭棚遮荫栽培黄连，青山不再，绿水成浊。特别是大炼钢铁以后，日甚一日，面目皆非。

从 1959 年开始，徐锦堂大胆进行农田栽连试验和黄连棚架改革，创造了一套完整的适合利川自然地理环境的黄连生态栽培新模式，从根本上解决了林药矛盾，既扩大了药材生产，又保护了自然环境，结束了森林破坏和水土流失的历史，被利川人民称作徐锦堂模式。

据 2004 年《黄连生态栽培技术研究与推广应用成果鉴定会资料汇编》统计，推广应用黄连生态栽培技术，利川市的森林覆盖率由 20 世纪五六十年代的 25%，恢复到了后来的 56%。按每公顷黄连棚架需要 150 立方米木材毁 3 公顷森林计算，应用生态栽培黄连 4467 公顷，年起挖黄连 893 公顷，可保护森林活立木蓄积量 67 万立方米，减少土壤侵蚀 13400 公顷，每年可产生活立木 12 万立方米，减少水土流失 1340 公顷。按活立木 200 元 / 立方米和林业生产平均收益 282.17 元 / 公顷，保护森林活立木蓄积价值 13400 万元，创造森林年生物生产量价值 2400 万元，减少水土流失价值 37.82 万元，不计涵养水源，氮、磷、钾养分，固定二氧化碳等的价值，每年即可产生生态功能间接经济价值 15837.82 万元，每年给全市人均创造生态效益 191 元以上。

据利川市统计报告，2003 年年底利川市黄连精细育苗 135 公顷，按每公顷 750 万株、每万株 100 元计算，可提供连苗 101250 万株，供 15577 公顷大田用苗，创造经济价值 1012.5 万元。应用生态栽培技术发展黄连 4467 公顷，年起挖黄连 893 公顷，黄连年产量 2680 吨，按 2003 年市场价 100 元 / 公斤计算，可产生经济价值 26800 万元。黄连秧苗和黄连生产两项，每年即可产生直接经济价值 27812.5 万元，每年为全市人均增加收入 335 元。

由此可见，黄连生态栽培技术每年可带来生态、经济和社会综合价值 50340.32 万元，为全市人均创造价值 606.51 元，全市 30 万药农因种黄连而发家致富，对推动利川乃至全国产连地区的可持续发展，彻底改变山区面貌作出巨大贡献。

黄连老产区黄水农场，由于种种原因未采用生态栽连模式，仍然沿袭搭棚栽连旧方式，黄水镇 1980 年以前所建的多个蓄水塘堰，因泥沙淤积有 90% 已不能发挥作用，年年都有或大或小的滑坡现象发生，有近 30% 的河段河床裸露。

2003 年，陈桂芳和冉成在《云南地理环境研究》上发表"黄连种植对生态环境影响的初步研究"，对仍然采用传统方式栽连的四川省石柱县黄水镇，黄连栽植各年水土流失状况测量，第一年土壤侵蚀模数为 5360 吨 / 平方千米，第 2 ～ 4 年为 2740 吨 / 平方千米。

"天麻之父"

2001 年 5 月中旬的一天，中国医学科学院药用植物研究所党委收到陕西省勉县张家河乡农民陈自乾、许文科等人的来信。他们把信同时寄到《科技日报》。2001

年7月19日,《科技日报》以"我们要为徐老师塑像立传"为题,刊登了来信全文:

药植所党委、所领导:

我们是陕西省汉中地区勉县张家河普通农民,为完成山区父老乡亲的心愿,感激为山区农民开出了一条脱贫致富光辉大道的药植所教授徐锦堂,特致信药植所党委、领导——在这深山老林为徐教授塑像立传。

被人们称为"第三世界"的张家河,地处秦岭,山高林深,交通不便,文化落后,与世隔绝。即使在改革开放的今天,仍没有架通电网输送的高压电。农民除种一点零星庄稼外,再也没有什么收入。70年代初,贵所徐锦堂老师来到了这个贫困的山区,开始了他的天麻研究生涯。

天麻,过去被称为"神麻",在自然界生长良好,一旦被挖回人工栽培,便踪影全无,被人认为天麻能飞会跑。徐老师不信这个邪。他考察的足迹踏遍了山山水水,发现这里气候适宜,四季分明,雨量充沛,不仅有丰富的森林资源,还有野生天麻分布,很适合天麻生长。他拜访了所有老农,终于发现"天麻与蜜环菌"的关系,总结出了一套较完整的天麻繁殖栽培技术。农民告别了过去自给自足的自然经济时代，广大农民把徐锦堂老师尊称为"天麻之父"：他打破了天麻不能人工栽培的神话。

他不顾70高龄，先后多次到汉中、略阳、宁强、张家河等地传授天麻有性繁殖技术，多次举办学习培训班，使农民掌握新技术，迅速脱贫致富。如今我们张家河，家家户户都种植天麻，成了我们的支柱产业，在全国出了名。每年到了采挖季节，成都、重庆、武汉、广州的客商都来收购。农民收入大大增加，靠种天麻盖起了房子，有的还住进了新楼房。有80%的农户买了摩托车，有的还买了汽车，许多农民都把子女送往几百里外的县城读书。

山里人有一颗纯朴善良的心，为了不忘帮助张家河农民过上好日子的"活财神"，我们的前辈和我们都有个心愿，等张家河农民过上好日子后，一定要在张家河给徐老师塑个像，让后辈儿孙饮水思源，不忘共产党，不忘徐老师，不忘药植所党委、领导培养的好干部，优秀科学家。

我们自发组织商量，在张家河塑"天麻之父徐锦堂教授"的大理石塑像。现已选好材料，开工雕塑，预计11月底完工，我们还将举行隆重的仪式。衷心希望药植所领导满足我们两代人的愿望，届时恭请所领导光临指导。

陕西勉县张家河农民陈自乾、许文科等

2001 年 5 月 13 日

（原载 2001 年 7 月 19 日《科技日报》）

2001 年 9 月 27 日，沉寂在秦岭深山之中的陕西汉中勉县张家河乡鞭炮轰鸣、欢声雷动，一座由 117 名农民自发组织集资，为被誉为"天麻之父"的徐锦堂教授雕塑的汉白玉全身塑像揭幕典礼在这里举行。

站在塑像下，塑像发起人之一陈自乾含着热泪说："今天我和乡亲们终于了却了一桩 20 多年来的心愿。我们能过上富裕的日子，全靠徐老师教会我们种天麻，感谢共产党培养出这样好的科学家！"

当谈起塑像的初衷时，陈自乾感慨万千："自古我们这里就有山无田，祖祖辈辈苦得很，吃的是苞谷（玉米）饭，住的是茅草房，连路也没有。1972 年，徐老师翻山越岭来到我们张家河，白天手把手教我们种天麻，晚上办学习班讲天麻。自那以后我们就一天一天地富起来了。乡亲们盖房子靠的是天麻，娶媳妇靠的也是天麻，孩子上学靠的还是天麻。中国有句古训叫作'滴水之恩当涌泉相报'。可是我们对徐老师的恩惠却始终无法报答。后来乡亲们提议：就在我们这里为他塑个像吧，让张家河乡的人天天都能看到徐老师，让我们的子孙后代永远不忘徐老师！"

塑像底座正前方镌刻着"天麻之父徐锦堂"及其简历，左方和后方为集资人的姓名，底座右方雕刻着铭文：

秦岭南麓，黑河之源，乃勉县张家河、金华庙、茅坝三乡，方陆百余里，山大林茂。有史以来，居者刀耕火种，劳作不息，温饱难足。贫也！

天麻，誉之神麻，乃名贵之药，此间有野生分布，而懂其植殖者无，至尊师徐锦堂掘而探之始。

徐君山西人也，中国医学科学院教授，二十世纪七十年代，涉寻辖域山山水水，筛建金华药场为范。历数十载致力天麻研究，倍遭饥寒劳疲。先出蜜环菌伴栽野生天麻家种法，后发明萌发菌伴播天麻种子有性繁殖技术，均授于民。天麻发展如添翼翅，日新月异。数十年来，师之萌发菌、蜜环菌广为民用，家家育菌、户户务麻，国策优、技高民勤，天麻生产再度质优品佳，量产丰广，已成本地主导产业，商贾云集，货流四海，取经者络绎不绝，名扬九州。

今，农居新房楼宅、行骑摩托、驾汽车、置家电、供子弟异乡求学成才者众，皆取于天麻、益于技术。子辈代代受益，师不可不谓致富之"活财神"也！

值民殷乡富之际，为弘扬科学精神，颂党之政策，念师之劳功，饮水思源，尽众民凤愿，督后人永记，塑像立传，铭以记之。

陈自乾　许文科等立

公元二〇〇一年九月二十七日

底座四方有四副发人深省的对联，饱含着大山里的药农们对徐锦堂的感激与褒奖，感人至深：

前方：晋中度寒窗立志报国　神州普科学福禄人间
左方：传科学功与后稷论　促经济绩和赵公评
右方：解天麻神奇千古之谜　除贫疾造福万载众生
后方：山河笑齐心共表千秋　明月照金菊溢香万年

塑像揭幕仪式上，陕西省汉中市人大常委会副主任徐登奎，是原天麻产区略阳县县委书记。他说："目前天麻已成为汉中地区的支柱产业，是全国主产区，一些下岗职工也种起了天麻。徐锦堂教授为山区农民尽快脱贫致富，跑遍了我们陕南二十几个县的大部分山区，他不畏艰苦、不断创新的执着精神，常常使我们这些当地干部感到惭愧、受到鞭策……"

中国医学科学院党委宣传部部长陈惠芬代表中国医学科学院和协和医科大学讲话。她感谢勉县人民对徐锦堂工作业绩的充分肯定和高度赞誉，并指出："这是一位科学家平生难得的最高奖赏，也是对我们院校广大科技人员最好的激励和鞭策。"

药植所党委书记高海泉、勉县副县长、张家河区的领导都发了言。

《汉中日报》2001 年 10 月 13 日发表了记者吕生杰、杜国平撰写的"天麻之父的不了情"，10 月 14 日又连续刊登了"丰碑"的文章："9 月 27 日勉县张家河乡政府驻地的马鞍山下，黑水河畔，当地群众敲锣打鼓欢庆一座塑像落成，……塑像非神非仙，正是被群众尊称为'天麻之父'的徐锦堂教授本人。为活着的科学家塑像，在我市尚属首次，在全国也不多见。徐锦堂教授是破译天麻生长之谜第一人。为了天麻研究，他失去了很多，三位亲人去世，三个孩子出生，他都不在亲人身边。他的无私奉献，赢得山区群众衷心爱戴。"

《光明日报》《人民日报》《经济日报》《科技日报》《健康报》《中国中医药报》《中国医药报》等多家报纸都发了消息和照片。

2002年，徐锦堂收到学生王吉荣从美国寄来的《人民日报》海外版，该版2002年12月4日发表了"农民自发为他塑像"的文章。

"黄连之圣"

继陕西张家河117位药农集资为"天麻之父"徐锦堂塑像之后，黄连之乡的湖北利川人民也自发集资为"黄连之圣"徐锦堂塑像。

2003年9月6日下午，在利川市东城杨柳寺香连药业公司大门前、318国道线旁，落成一尊5.7米高的汉白玉雕像，该雕像被娇艳的红绸覆盖着，等待着庄严的揭幕仪式。当中国民族医药学会会长诸国本和利川市市长孔祥恩将红绸缓缓揭下，露出底座正面雕刻的"黄连之圣徐锦堂"七个鲜红的大字，两侧用中英文对照刻有铭文。

汉白玉雕像是利川福宝山药材场连农邱先林倡议，征集了419个单位和个人，共同集资5万余元雕刻而成的。

铭　文

　　徐锦堂，1929 年 6 月 12 日生于山西省五台县，1958 年山西农学院毕业，中共党员，中国医学科学院教授，药用植物栽培专家，著名医学药学科学家。在我国黄连、天麻、猪苓研究中功绩卓著。曾获得国家发明奖、科技进步奖及部、省级成果奖 13 项，先后被授予全国"五一劳动奖章"、中青年突出贡献专家、全国优秀科技工作者、全国卫生文明先进工作者等荣誉称号。2002 年荣获何梁何利医学药学奖。

　　1958 年至 1966 年，徐锦堂教授在利川市福宝山药材场进行黄连栽培育苗、品种选育、棚架改革研究，试验成功了栽培黄连的玉米和造林遮荫技术、简易棚栽连法、林间育苗法和种子贮藏法，取得了天麻野生转家生等科研成果，特别是连、粮、林套作技术，改变毁林种连的传统方法，极大地刺激了黄连生产，推动了利川药业产业发展，保护了生态平衡的良性循环，是一次栽培技术的革命。他还采取多种形式向药农传授技术，用科技帮助群众致富，为利川获得"黄连之乡"美誉和拓宽山区经济致富门路做出了卓越贡献，赢得各族群众的尊崇与敬仰，被誉为"黄连之圣"。

参加"中国黄连利川论坛"的全体代表参加了塑像揭幕仪式。孔祥恩市长发表了热情洋溢的讲话,并授予徐锦堂和他的夫人"利川市荣誉市民"称号和证书。

会后,《人民日报》《光明日报》《健康报》《中国中医中药报》等十余家报纸都刊发了农民为科学家塑像的新闻和照片。

活在人间

2021年5月23日,徐锦堂教授永远地离开了我们,但他的音容笑貌魂牵梦萦。作为医药卫生界曾经的一面旗帜,我以为不存在"红旗能打多久"的问题。先生的精神,继承之则兴旺发达,放弃之则缘木求鱼。

人民的需要应当是应用型科学研究的首要方向

1958年秋天,刚刚毕业分配到首都北京国家级科研单位的徐锦堂,因为种植黄连造成荒山秃岭水土流失而心痛,主动请缨,到四川和湖北的深山老林长期蹲点。作为农大毕业生,徐锦堂清楚黄连生长周期是5~6年,重复一次试验起码需要十多年,几次反复就要在山沟里蹲一二十年,人生最宝贵的时期就消磨在深山老林里了。可是他义无反顾地选择了去蹲点,选择了国家的需要，选择了解决生产亟须的难题。这是强烈的责任意识与坚毅的奉献精神的体现。

天麻项目更是如此。只因为人民急需天麻，在研究所没有立项、没有一分钱科研经费的情况下，徐锦堂居然自掏腰包搞起了人工栽培天麻的研究。由于是这样做起来的科研项目，他必然把解决生产中的难题继续"大包大揽"，自然不会为了完成几篇论文，心安理得了事。

艰难困苦玉汝于成。黄连的研究，彻底结束了几百年毁林搭棚的栽培方式。自然林栽连、熟地栽连与黄连套种、简易棚栽连、黄连种子湿沙棚贮与精细育苗，共同形成了被誉为"徐锦堂模式"的生态栽连技术，其巨大的生态效益，可以说是功在当代，利在千秋。在天麻研究上，他在湖北利川时期基本摸清了天麻生长环境和繁殖规律，天麻野生变家栽 1965 年首次成功。

移师汉中之后，他先后完成了天麻无性繁殖固定菌床法、天麻有性繁殖树叶菌床法，彻底解决了天麻的供需矛盾。在理论上，他证明了促进天麻种子发芽的是萌发菌（小菇属真菌），不是蜜环菌，修正了天麻一生离不开蜜环菌的传统理论；他对天麻种子萌发菌的发现、分离、筛选、鉴定，终于揭开了天麻生活史的全部奥秘，赢得了国际声誉。

徐锦堂的科研之路得到了全社会的认同。2004 年 11 月 25 日，在"黄连生态栽培技术研究与推广应用"成果鉴定会上，全国人大常委会副委员长韩启德院士对徐锦堂的研究工作做出了这样的评价：

药用植物栽培的研究，如局限在实验室，仅发表一些论文，是远远不够的；必须深入产区，长期蹲点观察研究，踏踏实实、锲而不舍地做艰苦细致的现场工作。徐锦堂教授为科学献身的精神以及一丝不苟的严谨学风，对当前浮躁的学术风气应该说是一剂良药。他的事迹使我再次感受到科学技术对国家经济、社会、对老百姓生活改善所起到的巨大作用。陕西勉县、湖北利川农民自发集资为徐教授雕塑"天麻之父""黄连之圣"汉白玉雕像，为其立碑铭记，表达了广大人民群众对这位人民科学家由衷的敬意。（原载 2005 年 9 月 23 日《中国中医药报》）

真正的科学家应具有坚持不懈矢志不移的精神

徐锦堂教授从事科研的时期，政治运动频仍。科研人员在艰难的科学探索同时，还要背负着沉重的政治负担。比如：1972年和1975年，天麻研究两次要下马都被徐锦堂顶住了。

1973年徐锦堂的天麻无性繁殖固定菌床法成功后轰动汉中，地方政府当作"拳头产品"来抓，用政治运动的形式推进。农民种天麻，干部教师也有种天麻的任务。生产扩大，种麻缺乏怎么办？大搞群众运动，大冬天里发动万人上山，身背干粮，夜宿山洞，漫山遍野采挖野生种麻。这种竭泽而渔、毁灭式的做法，下一步就是野生天麻资源枯竭，种麻愈加匮乏。此时，徐锦堂提出了天麻有性繁殖的观点，他发现了多代无性繁殖种麻退化的趋势，如不及时搞出新方法，不久将出现大面积减产的危机。而且，种麻的解决也必须走有性繁殖之路。

当时干部群众不知道什么是有性繁殖，搞不清楚为什么多代无性繁殖种麻必然退化，更没有看到大面积减产，而且全国各地的天麻专家也不认同徐锦堂的观点，加之轰轰烈烈的"群众运动"已经"如火如荼"，谁反对谁就可能戴上"给群众运动泼冷水""反对群众运动"的政治帽子。宁强县领导两次在大庭广众之下不点名的批评徐锦堂，最长一次连批两个小时。徐锦堂相信自己是对的，不论自己受多大委屈，也绝不能让老百姓减产绝收。不能明着搞试验了，他躲到山沟里干。他的执着换来巨大的成功——天麻有性繁殖树叶菌床法，后来获得国家发明奖二等奖，1984 年该成果被中华医学会等专业学会和《健康报》评为"中华人民共和国成立 35 周年全国二十项重大医药科研成果"之一。

如果遇到困难就回避、掉头，甚至心猿意马见异思迁，绝无成就可言。

科学研究是在不断解决问题中进步前行

徐锦堂一生获得过国家级大奖 3 项、省部级 13 项，在同龄的科学家中是不多见的。众多成果的取得，如果有什么"秘籍"的话，按徐锦堂的说法是：我的科学研究过程，就是在生产中发现问题、千方百计解决生产问题的过程，解决生产难题是我一生的追求。

徐锦堂像战士一样攻坚克难，不论多么坚固的堡垒也要拿下，绝不把问题留给后人。正是这种追求，使他为国家创造了巨大的经济效益和社会效益，获得了令人惊羡的硕果。梳理他的成功之道，对国家对社会对后人都大有裨益。

生产中出现的问题是层出不穷的，必须要有直面问题攻坚克难的勇气。比如：自然林栽培的黄连茁壮生长起来了，可是大雨淋不淋死黄连？光长叶子不长头（根茎）怎么办？天麻无性繁殖固定菌床法大获成功，却发生了种麻的退化，如不及时研究出有效办法，大面积减产甚至是绝收的局面都会出现！正是生产中的问题步步紧逼，徐锦堂义无反顾地迎难而上，让他迅速准确地捕捉到了下一个优秀课题。解决"下一个课题"，即生产中的问题，他比同行更直接、更快速地接近成功。

徐锦堂以获奖多著称，有人戏称他是中国医学科学院的"获奖专业户"。其实把他的科研成果以时间线索排列开来，"下一个课题"与"下一个成果"几乎是并行的，甚至是可以画等号的。他成果多的"秘籍"，就是他能够迅速准确地找到下一个课题是什么、难点在哪里，他走的是弓弦。许多人往往想绕过困难，其实是走了弓背。人生苦短，几个弯路下来，人与人的差距就无法逾越了。

徐锦堂的"秘籍"告诉我们：搞应用研究的人，只要把国计民生、车间田间亟须解决的问题，始终当作自己的"下一个课题"，就一定会"积小胜而大胜"，必将硕果盈庭！

光阴荏苒，时光如白驹过隙。

40年前，1984年的春天，笔者随徐锦堂教授第一次到利川福宝山药材场时的场面终生难忘：淳朴的山里人来了一拨又一拨，他们与徐老师像久别的亲人一样有说不完的话，没有一丁点的隔膜。

采访中许多故事让人难以想象甚至瞠目结舌：从1959年开始，连续数年每月15斤毛粮，一日三餐顿顿野菜玉米糊糊……

为了节省从黄水农场到福宝山药材场往返的时间，徐锦堂一天居然能走170里山路……

为了捞贝母试验需要的干粪，在当地人不愿意干的情况下，徐锦堂带头跳下粪坑……

还是那个春天，在宁强县天麻研究所的大门口，淳朴的农民燕永瑞，整整衣襟庄重地给徐锦堂深深鞠躬，我用相机留下了难忘的瞬间……

11年前，2013年的春天，当我再次踏上那片热土，陕西汉中已经成为全国天麻的主产区，略阳县山坡上的猪苓已经丰收在望；在利川，再也不见荒山秃岭，连片的人造林郁郁葱葱，粗大的树干一人抱不过来，生态栽连更使利川名扬国内外……

在当年福宝山药材场场长尹明义家，说起当年徐锦堂吃糠咽菜的日子，老人家几次哽咽、泪流满面……

当年福宝山药材场医务室大夫谭淑英，是徐锦堂在福宝山时的学生和好朋友俞贤唤的老伴，老俞已经去世多年。那天上午，她专程上山接受访谈，晚上老人家在女儿搀扶下，又专程到我们的驻地看望徐锦堂的女儿，这一天老人家奔波了近百里山路。老人家的女儿是利川市的中学教师，她说："徐老师是我父亲最好的朋友，他去世前最想见的就是徐老师……"

徐老师没有离去，他的精神必将与天麻、黄连、猪苓一样，生生不息，薪火传承……